완전 범죄
추리 게임

The Perfect Crime Puzzle Book:

First published in Great Britain in 2021 by Michael O'Mara Books Limited

Copyright © Michael O'Mara Books Limited 2021

Puzzles and solutions copyright © Dr. Gareth Moore 2021

Korean language copyright © Vision B&P 2022

Korean language translation rights arranged through Icarias Literary Agency, Republic of Korea

섹시한 두뇌계발 시리즈 ⑩

형사 vs 범인
숨 막히는 심리 게임의
최후 승자는?

완전 범죄
추리 게임

개러스 무어 지음 | 박미영 옮김

The Perfect Crime
Puzzle Book

비전코리아

서문

'완전 범죄 추리 게임'에 오신 것을 환영합니다. 이 책에서는 범인 또는 수사관의 입장에서 퍼즐을 풀게 됩니다.

모든 퍼즐에는 첫 페이지 상단에 다음 2개의 아이콘 중 하나가 있습니다.

돋보기가 있다면 여러분은 수사관입니다. 하지만 CCTV 카메라가 있다면 여러분은 사악한 짓을 저지르고도 잡히지 않으려는 범인입니다.

다수의 퍼즐이 한쪽 또는 양면 펼침이지만 몇 페이지 분량도 있습니다. 각 퍼즐 끝부분에 제공된 정보를 통해 무엇을 해결해야 하는지 확실히 밝히고 있지만, 때로는 해답이 암호로 적혀 있기도 합니다. 이런 경우에는 해석하기 위한 단서를 찾아야 합니다. 이 단서는 발견된 쪽지에 나와 있거나, 때로는 본문에, 심지어 제목에 포함되어 있기도 합니다. 퍼즐을 풀다 막히면 제시된 요청을 말 그대로 기발하게 생각해보세요. 몇몇 퍼즐은 실제 암호를 참고해서 정보를 알아내야 할 수도 있습니다. 이런 퍼즐에 필요한 모든 암호는 책 마지막 해답편 바로 뒤의 '암호표(218쪽)'에 있습니다.

지금 바로 한 번 살펴보고 책에 나오는 암호를 미리 알아두고 시작하는 것도 좋습니다.

퍼즐은 난이도 순서로 정렬된 것이 아니므로 자유롭게 골라서 하면 됩니다. 퍼즐 26~29 외에는 줄거리가 연결되는 퍼즐이 없으니 앞에서 시작하든 뒤에서 시작하든 무방합니다. 중간부터 풀어도 됩니다. 책을 넘겨보다 눈에 들어오는 것이 있으면 거기부터 시작해보세요.

또한 책에 나오는 모든 상황은 허구이며, 실제 인물이나 사건과 유사하다면 전적으로 우연의 일치입니다. 현실 세계에는 악인들이 있지만, 이 책에 나오는 악인들은 그저 재미를 위한 허구일 뿐입니다.

전체 해답은 책 뒤에 실려 있으며, 암호를 풀어야 하는 퍼즐은 전체 설명이 보통 해답과 함께 제공됩니다. 그러므로 혹시 추리 중 막힌다면 주위 사람에게 해답편을 읽고 힌트를 달라고 부탁해보세요. 주위에 아무도 없다면 직접 살짝 들춰보세요. 영원히 막힌 상태보다는 나으니까요.

무엇보다 중요한 것은 재미있게 즐기는 것임을 명심하세요. 그러므로 퍼즐이 재미있지 않다면 그냥 다음 편으로 넘어가세요.

모두 90개이니 전부 풀 때까지 꽤 시간이 걸리겠지요.

행운을 빕니다!

개러스 무어

차례

서문   4

1. 주파수를 찾아라 ……………………………………… 11

2. 휴대폰 암호 …………………………………………… 12

3. 거짓말쟁이, 거짓말쟁이? …………………………… 13

4. 화가처럼 그려내기 …………………………………… 14

5. 아파트 범죄 …………………………………………… 16

6. 금고를 열어라 ………………………………………… 17

7. 분실물로 체포 ………………………………………… 18

8. 지도에서 찾아라 ……………………………………… 20

9. 외교관의 실종 ………………………………………… 22

10. 감시 카메라를 피해라 ……………………………… 26

11. 4명의 도둑 …………………………………………… 28

12. 불빛이 알려주는 메시지 …………………………… 30

13. 디지털 위장 ………………………………………… 31

14. 아파트를 찾아라 …………………………………… 32

15. 괴상한 수수께끼 …………………………………… 33

16. 어느 집에 있을까? ………………………………… 34

17. 강도를 찾아라 ……………………………………… 36

18. 정문 통과하기 ……………………………………… 38

19. 해커를 해킹하라 ···················· 40

20. 다면적 문제 ······················· 41

21. 악인의 휴가 ······················· 42

22. 고전적 통신 ······················· 44

23. 속삭인 말 ························· 45

24. 암호 찾기 ························· 47

25. 독약을 선택하라 ···················· 48

26. 건물 비밀번호 ····················· 52

27. 위험한 전화번호 ···················· 54

28. 금고 열기 ························· 55

29. 배반? ·························· 56

30. 이름 찾기 ························· 58

31. 도둑맞은 꽃 ······················· 60

32. 배신자는 누구? ····················· 62

33. 현장 청소 ························· 68

34. 진짜? 가짜? ······················ 69

35. 깨진 코드 ························· 70

36. 신호 코드 ························· 72

37. 붉은 루비 ························· 74

38. 드론 정찰 ························· 76

39. 현장에 남긴 증거 ···················· 78

40. 도주용 차량 ······················· 79

41. 사이버 사기 ······················· 80

42. 돈, 돈, 돈 ························ 86

43. 수수께끼의 제보 ···················· 88

44. 보안 카메라를 막아라 ················· 90

45. 정체를 숨겨라 ····················· 91

46. 삼형제의 진실 ···························· 93

47. 가지 않은 길 ···························· 94

48. 탈옥 계획 ······························· 96

49. 다이아몬드는 어디에? ················· 98

50. 한붓그리기 ····························· 100

51. 동물 옮기기 ···························· 102

52. 비밀번호의 단서 ······················ 103

53. 보석을 찾아라 ························· 104

54. 조직의 배신자 ························· 106

55. 저택 방문 ····························· 110

56. 눈에 띄는 차이 ······················ 112

57. 대탈출 ································· 114

58. 피싱 사기 ····························· 115

59. 웜홀 ·································· 116

60. 바이러스를 잡아라 ···················· 118

61. 용의자 퍼레이드 ······················ 120

62. 해결 후 쪽지는 태울 것 ··············· 122

63. 악플러에게 먹이를 주지 마시오 ········ 124

64. 천재적 소통 ···························· 125

65. 공포의 문신 ···························· 126

66. 선로를 따라서 ························· 128

67. 병 속의 메시지 ······················· 130

68. 예고된 범죄 ···························· 132

69. 수상한 신입 ···························· 133

70. 쓰레기통을 뒤져라 ···················· 134

71. 탈출 경로를 찾아라 ··················· 135

72. 수수께끼의 메시지 ···················· 134

73. 번호를 풀어라 ·· 138

74. 2진법 암호 ·· 140

75. 인터넷 도둑 ·· 141

76. 나에게 남긴 메모 ·· 142

77. 전화번호를 알려줘 ·· 143

78. 고가품 절도 ·· 144

79. 믿을 수 없는 목격자 ·· 145

80. 위험한 실험 ·· 147

81. 빈집털이 ·· 149

82. 광고 전문가의 죽음 ·· 151

83. 잠복근무 ·· 156

84. 수학 천재의 단서 ·· 158

85. 은행강도 ·· 160

86. 경로를 찾아라 ·· 162

87. 창고 침입 ·· 164

88. 사라진 마이크로칩 ·· 165

89. 새벽에 침입한 도둑 ·· 171

90. 레이저 포커스 ·· 173

해답　　　174

암호표　　　218

THE PERFECT CRIME PUZZLE BOOK

1. 주파수를 찾아라

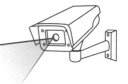

타이밍은 완벽하고, 6개월 넘게 준비해온 절도 계획을 실행에 옮길 시간은 딱 15분.

당신의 임무는 경찰의 무선을 엿듣고 감시하는 것입니다. 그런데 막판에 경찰이 무선주파수를 바꾸는 바람에 그걸 찾아낼 시간이 촉박합니다.

당신은 전파를 탐지하는 분석 도구를 사용해 주요 주파수 6개를 확인했습니다.

$$3 \quad 7 \quad 8 \quad 9 \quad 10 \quad 12$$

아래 숫자는 경찰의 무선주파수로 나올 수 있는 조합으로 주파수 2개 또는 3개의 합입니다.

그러나 정확한 주파수는 6개의 주요 주파수 중 2개 이상을 더한 단 하나의 조합입니다. 예를 들어 21은 3+8+10으로 나올 수도 있고, 9+12로 나올 수도 있기에 정확한 주파수가 될 수 없습니다.

다음 중 정확한 주파수는 무엇일까요?

$$18 \quad 22 \quad 26 \quad 30 \quad 34$$

2. 휴대폰 암호

압수한 휴대폰을 급히 조사하여 용의자가 공범들이 도망치기 전에 통화한 상대를 찾아야 합니다.

이 휴대폰 비밀번호는 4자리 숫자입니다. 1만 개의 조합을 전부 시도해보려면 너무 오래 걸리겠지요. 다행히 용의자의 집에서 도움이 될 만한 쪽지를 발견했습니다. 암호는 뭘까요?

√ 왼쪽에서 오른쪽으로 갈수록 큰 숫자

√ 홀수와 짝수가 번갈아가며 있다

√ 자릿수의 합은 22다

√ 0은 없다

√ 암호는 이 조건에 맞는 가장 큰 숫자이다

3. 거짓말쟁이, 거짓말쟁이?

당신의 동료는 신분 도용을 전문으로 하는 범죄조직에 잠입해 수사 중입니다. 그 동료 덕분에 당신은 조직원 홀리와 해리엇을 체포할 수 있었습니다.

믿을 만한 동료의 말에 따르면 이 조직에서는 각 조직원이 하는 말은 항상 진실이거나 항상 거짓이라고 합니다.

불행히도 그 동료는 홀리와 해리엇이 둘 다 진실만 얘기하는지, 거짓만 얘기하는지, 아니면 각각 하나씩인지 알려주기 전에 다른 조직원에게 붙들리고 말았습니다. 다른 경찰들이 포로가 된 동료를 구하러 간 동안, 이전 심문에서 수집한 기록을 가지고 이것을 해결할 수 있을까요?

홀리는 체포된 것에 격분하며 자신은 혐의 사항과 아무 관련이 없다고 말했다. 자신은 진실을 말하고 있지만, 해리엇은 거짓말쟁이라고 주장했다.

해리엇은 신분 도용과 아무 관련이 없다고 강하게 주장하고 있다. 본인은 항상 정직하며 자신과 홀리는 절대 거짓말을 하지 않는다고 말했다.

4. 화가처럼 그려내기

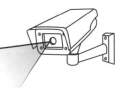

당신은 범죄조직의 일원이 되기 위한 기초 테스트에 통과했고, 당신을
믿기 시작한 보스는 지난 몇 달 동안 거액의 명화 절도를 계획해왔다

고 말합니다. 당신은 팀에 도움을 줄 수 있습니다. 지금 그림 위조 전문가는 고몽의 유명한 엇갈린 쌍둥이 모작을 작업하는 중이고, 갤러리에서 원작을 훔친 후 그 자리에 대신 걸어놓을 계획입니다.

다음 복사본에서 실수 10가지를 찾아내 더 정확한 모작을 만드는 데 도움을 줄 수 있을까요? 난이도를 높이기 위해 제한 시간은 5분 드립니다.

5. 아파트 범죄

끔찍한 살인 사건이 발생했고, 최정예 경찰이 사건의 진상을 밝혀야 합니다. 불행히도 팀원 전체가 휴가 중인데, 당신이 대신 도와줄 수 있을까요?

당신은 살인자의 소재지를 스틸가에 있는 악명 높은 특정 아파트 단지로 좁혔으며, 각 아파트 호수가 1에서 1000까지 붙어 있습니다.

피해자는 지역에서 인기 있는 사람으로 꽝장히 많은 제보가 들어왔습니다. 다음은 제보자들이 한 말입니다.

- **데이브의 제보**

  "아파트 호수는 물구나무서서 봐도 똑같이 보이는 숫자입니다."

- **샘의 정보**

  "아파트 호수의 첫 번째 자릿수는 마지막 자릿수보다 큰 게 확실해요."

- **모니카의 폭로**

  "아파트 호수의 자릿수를 더하면 완전제곱수가 돼요."

살인자가 사는 아파트는 몇 호일까요?

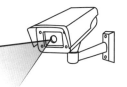

6. 금고를 열어라

큰 건을 진행 중인 당신은 피해자의 비밀 금고까지 접근했습니다. 축하합니다. 하지만 문제가 하나 있네요. 당신의 금고털이 기술이 먹히지 않습니다.

막 포기하려던 찰나 갑자기 운이 따라 아주 이 유용한 표시를 발견합니다. 여기서 필요한 8자리 암호를 알아낼 수 있을까요?

금고를 여는 데 도움이 될지도 모르는 비수학적인 수열의 마지막 2자리 숫자는 무엇일까요?

Don't forget the unlock code for the safe!

(금고 암호 풀이를 잊지 마시오!)

4 6 3 6 4 3 ? ?

7. 분실물로 체포

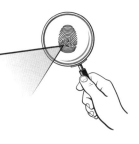

악명 높은 도둑 체포 작전이 진행 중이고 당신은 신고 전화를 담당하고 있습니다.

도둑이 지역 호텔에 숨어 있다는 여러 제보를 받고, 경찰들이 증거를 확보하러 현장으로 향했습니다.

경찰이 도착했을 때 도둑은 이미 체크아웃했고 호텔 방은 청소한 상태였습니다. 하지만 도둑이 실수로 두고 간 듯한 물건 몇 가지가 분실물 가방에 들어 있었습니다.

불행히도 건망증 있는 호텔 투숙객이 몇 명 있었고, 이들 모두 5개의 분실물 가방 중 하나가 자기 것이라고 주장하고 있습니다.

다른 투숙객들의 증언을 듣고 어느 분실물 가방이 누구의 것인지 추리할 수 있을까요? 남은 가방에는 도둑의 물건이 들어 있을 테니 수거해서 DNA 검사를 하면 됩니다.

- **투숙객 1** : 벨트를 잃어버린 건 확실해요.
- **투숙객 2** : 제일 아끼는 시계를 두고 나왔어요.
- **투숙객 3** : 넥타이를 깜박 잊고 안 하다니!
- **투숙객 4** : 어쩌다 보니 양말을 두고 나왔네요.

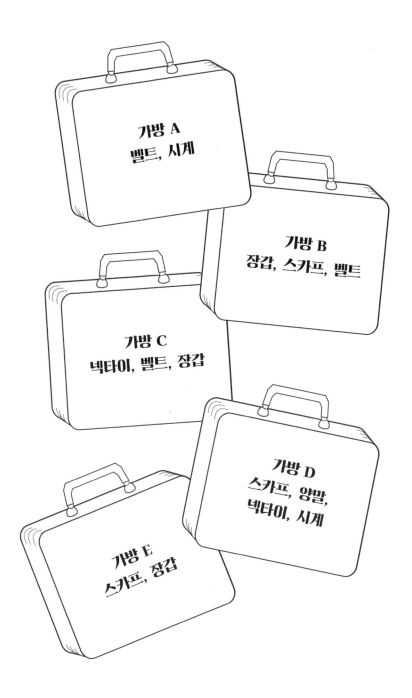

8. 지도에서 찾아라

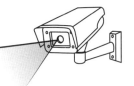

당신의 라이벌이 당신의 구역을 침범하고 있습니다. 당신은 상대의 근거지가 어디인지, 여기 보스가 누구인지 확실히 얘기해두려고 합니다. 높은 자리에 있는 친구에게 휴대폰 기록을 입수해서 그의 비밀 본부를 옆 페이지 지도 구역 어딘가로 좁힐 수 있었습니다.

바로 오늘 비밀 제보를 받았는데, 아마도 상대 조직원 중에 당신에게 잘 보이려는 누군가가 보낸 것으로 추정됩니다.

아래 제보 단서를 통해 정확한 위치를 특정할 수 있을까요?

- 처음 그들의 은신처를 방문했을 때, 그들은 나를 기찻길 너머 다리에서 차를 태웠습니다.
- 로터리까지 가는 도중에 다른 도로를 가로지르지 않고 로터리에서 바로 직진했습니다.
- 그다음 갈림길에 이르러 오른쪽 도로로 갔습니다. 계속 직진해 두 번째 로터리에서 두 번째 출구로 나갔습니다.
- 첫 번째 교차로에 이르러 우회전한 다음 다른 차로 바꿔 탔습니다. 그 차는 바로 다음 교차로까지 가서 다시 우회전했습니다.
- 도로 끝에서 차에서 내려 오른쪽에 있는 버려진 건물로 들어갔습니다.

라이벌의 은신처 위치를 지도에 X로 표시할 수 있을까요?

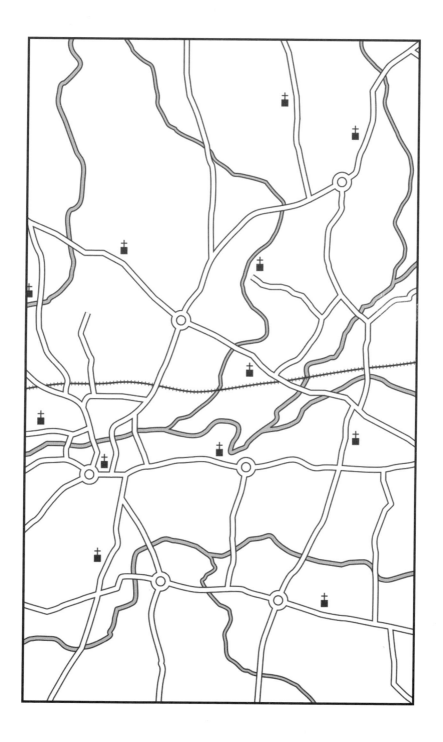

9. 외교관의 실종

외교관의 임무는 헌신적인 이들을 힘들게 할 수도 있습니다. 그들은 이상한 지시에도 질문 없이 따르고, 희한하고 까다로운 환경으로 뛰어들어야 합니다.

국가 간의 관계에서 줄타기를 해야 하는 직업은 매력이 전혀 없습니다. 오히려 형사가 훨씬 쉽죠. 그러나 외교부에 근무하는 공무원 배질 해튼 씨가 실종된 의문의 사건을 맡으면서 흑백이 불분명한 외교관의 세계가 나의 세계와 중첩되었습니다.

해튼 씨는 출장으로 마드리드에 간 듯했고(출장인지는 확인이 불가능했지만), 그곳에서 감쪽같이 사라졌습니다. 실종자를 찾으면서 그 실종과 관련된 상황에 미심쩍은 점은 없는지 확인하는 일을 맡게 되었습니다. 사실 당장 마드리드행 비행기에 올라 사건의 중심으로 뛰어들고 싶었습니다. 하지만 왠지 본능적으로 그러지 말아야 한다는 느낌이 들었죠. 먼저 영국에서 면담 조사를 통해 실종자가 어떤 사람인지 알아보기로 했습니다.

배질의 직속 상사인 50대의 유쾌한 신사와 대화를 나누는 것으로 탐문을 시작했습니다. 그에게 배질 해튼 씨의 성격과 업무에 대해 간단히 설명해달라고 요청했습니다.

"딱히 기억에 남을 만한 공무원이었다고 할 수는 없겠네요. 하지만 신중함이 요구되는 임무를 수행하는 데는 적합했을 겁니다. 지난 몇 년 동안 여기 런던 사무실에서 근무했고, 본인의 루틴에 상당히 만족하는

듣했습니다. 사생활에 대해서는 별로 얘기하지
않았지만, 매일 걸어서 출퇴근하는 것을 좋
아했습니다. 여기서 멀지 않은 곳에 처가 식구
의 집을 빌려 살았어요. 저녁 시간은 대부분 요리
하고 독서하면서 보내는 듯했고요. 딱히 사교적이
거나 은둔형은 아니었고 팀원 모두하고 잘 지냈어요.
그런데 최근에 이상하다 싶은 게 있긴 했네요. 편지 한 통을 받고는 좀
충격을 받은 것 같더라고요. 외무부에서 온 것으로 보였는데, 그 편지
를 읽고 가능한 빨리 마드리드로 가봐야 한다고 하더군요. 별로 좋아
하는 것 같지도 않았고."

나는 해튼 씨의 집주인과 통화하고 나서 그녀를 만나보기로 결심했습
니다. 그녀 역시 해당 아파트에 거주하는데, 복도 옆 잠긴 방에 살고
있었습니다. 그녀는 면담에 썩 협조적이지 않았습니다. 실종자와 가까
이 살았지만 그가 화요일 아침 평소와 마찬가지로 출근했으나 저녁에
돌아오지 않았다는 것 외에는 아무것도 알아내지 못했습니다. 별다른
정보를 얻어내지 못한 채 아파트를 나서, 저녁을 먹으러 아내가 기다
리는 집으로 향했습니다.

다음 날 해튼 씨의 사무실에서 대화를 나눌 의사가 있는 팀원 두어 명
을 찾아냈습니다. 실종자 옆자리에 앉은 조사원이 가장 도움이 되었습
니다.

"늘 믿음직한 친구였고 기꺼이 도움을 주려고 했죠. 스페인에서 상황
이 꽤 안 좋았나 봐요. 물론 배질은 스페인어를 잘하니까 앞뒤가 맞긴
하네요. 국제회의 같은 데서 꽤 유용했죠. 하지만 너무 갑작스럽게 떠
나긴 했어요. 배질은 월요일에 편지를 받았다고 말했어요. 화요일에

짐을 챙기고 수요일에 완전히 사라졌죠. 우리한테 말하지 않은 뭔가 개인적인 일이 있나 싶었어요. 좋은 사람이지만 상당히 내성적이라 도대체 무슨 생각을 하고 있는지 알 수 없었거든요. 아마 외동이라 그렇겠지요."

그쯤에서 다른 동료가 끼어들었습니다.

"지난 주 배질이 스페인의 지인과 통화하는데 좀 격하게 들렸어요. 하지만 끝에는 웃는 것 같았죠. 원하신다면 그 전화번호를 알아봐 드릴 수 있어요. 배질의 비서가 알 거예요. 그런데 지금 외근 중이네요."

나는 그들에게 어떤 정보든 감사하다고 말하고 나왔습니다.

다음에 방문한 곳은 외무부였습니다. 배질의 사무실에서 멀지 않았고, 혹시 얘기해볼 만한 사람이 있을지도 모른다는 생각에 일단 들러보기로 했습니다. 기대하지 않았으나 곧 작은 사무실로 안내되어 배질이 받은 편지에 대한 책임이 있다고 주장하는 정부 요인과 대화를 나누게 되었습니다. 놀랍고 반가웠죠.

"네, 배질은 이 사건과 관련해 마드리드에서 꼭 필요한 사람이었습니다." 남자는 정부 일을 하다 보면 몸에 배는 듯한, 일부러 또박또박 끊는 투로 말했습니다. "그 정도의 경험과 공손한 매너를 갖춘 데다 주제 넘지 않고, 결혼한 적 없으며(이런 일에 가족이 끼면 얼마나 힘들어지는지 아시죠), 게다가 스페인어에 능통하기까지 하니까요. 이 상황에서는 대단한 자원이죠. 우리가 상대하는 사람들은 언어를 배우려고 노력하지 않는 외국인들을 곱게 보지 않습니다. 물론 배질의 동료들에게는 왜 그가 가야 하는지 말할 수 없었죠. 그들의 보안 허가 등급보다 훨씬 높은 일이니까요. 하지만 저는 배질과 잘 아는 사이거든요. 우리 둘 다 내각에서 경력을 시작할 때 만난 이후로 친구로 지냈습니다. 서

24

로 믿을 수 있는 관계죠."

나는 건물을 나와 템즈강을 따라 천천히 걸어가면서 저 아래 강변을 훑으며 물건을 줍는 사람들을 지켜보았습니다. 휴대폰 진동이 울려 받으니 배질의 비서라는 여자가 인사했습니다. 아까 그녀를 못 만났기에 기뻤습니다. 배질은 화요일 오후 비서에게 전화해서 한동안 해외에 나가 있을 거라고 통보한 모양이었습니다. 짧고 사무적이었으며, 뭔가 잘못되었다고 짐작할 만한 여지는 전혀 없었으나, 다음 날 이메일을 받고 의심이 들었다고 했습니다. 배질의 지인이 보낸 것인데, 금전적 도움이 필요하며 배질을 만나고 싶다고 했습니다. 그녀는 그 이메일을 배질에게 전달했으나 아무런 답변이 없었습니다.

수집한 모든 정보를 감안하면, 배질 해튼 씨는 골치 아픈 상황에 직면한 모양이었습니다. 나는 특히 앞뒤가 맞지 않는 말을 한 사람이 한 명 있다고 느꼈습니다. 거짓말한 사람은 누구일까요? 그리고 어떤 거짓말이었을까요? 메모를 검토하고 알아내야겠습니다.

이 이야기에서 모순점을 찾아낼 수 있을까요? 누가 거짓말을 했다고 생각하십니까?

10. 감시 카메라를 피해라

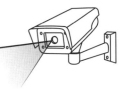

감시가 엄중한 박물관에서 뭔가를 훔치려면 전문가가 필요하죠. 바로 당신이 그 전문가입니다. 당신은 체조 기술로 올림픽 금메달을 따지 못했고, 솔직히 그 근처에도 가지 못했습니다. 하지만 보안 시스템을 피하는 직업에서는 확실히 유용하게 써먹고 있습니다.

대대적인 조사 끝에, 오른쪽 페이지에 실린 대형 박물관의 도면을 통해 감시 카메라 20대가 비추는 영역을 확인할 수 있었습니다.

이제 밤이 되면 박물관은 문을 닫습니다. 당신은 낮에 매수한 관리인에게 받아둔 여분의 열쇠로 정문을 열고 들어갑니다.

정문에서 도면에 동전 그림으로 표시된 고대 주화실까지 감시 카메라에 들키지 않고 어떻게 갈 수 있을까요?

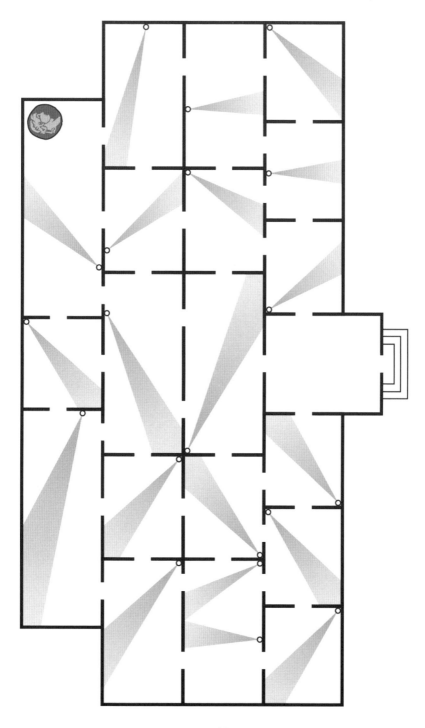

11. 4명의 도둑

개인 은행 금고가 도둑 일당의 표적이 되었습니다. 당신은 범인 4명을 체포했으나, 그들은 이미 훔친 금괴를 숨긴 후였습니다. 불행히도 금고 주인은 금괴가 몇 개 있었는지 기억하지 못합니다.

다행히 당신이 체포한 용의자들은 기꺼이 각자 가져간 금괴 숫자를 따져보려 했습니다. 서로 친구의 욕심을 비난하느라 본인의 죄를 인정하는 셈이라는 것을 깨닫지 못하는 듯했습니다.

다음은 4명의 범인에게 받은 진술입니다.

> **범인 A** : 각자 맡은 일이 다르니까 금괴 개수를 다르게 챙기기로 합의했죠. 각자 금고에 도착하면 거기 있는 금괴의 절반과 여분 2개를 가져가기로 했습니다. 나는 가장 어려운 금고 보안 시스템 해킹을 맡았고, 금고에 맨 먼저 도착했죠. 합의대로 거기 있는 금괴 절반과 2개를 더 챙겼고요.
>
> **범인 B** : 나는 금고에 두 번째로 도착했어요. 도주용 차량 준비를 맡았고요. 아주 공정한 시스템이라는 생각은 안 들었지만, 금고에 남은 금괴 절반과 추가로 2개를 가져갔죠.

범인 C : 나는 경비원들의 진입을 막는 담당이었죠. 결국 경비원들을 다른 금고에 가둬버리긴 했지만 시간이 좀 걸려서 세 번째로 금고에 도착해 금괴를 챙겼어요. 남은 금괴 절반을 가방에 담고 추가로 2개를 주머니에 넣었죠.

범인 D : 나는 마지막으로 들어갔습니다. 시간을 벌기 위해 건물 내 컴퓨터와 전화를 모두 못 쓰게 만들어놓고 금고에 가보니 화가 머리끝까지 치솟더군요. 저 사기꾼 놈들이 금괴를 몽땅 챙겨가서 하나도 남은 게 없었어요. 그럼 나는 무죄잖아요. 안 그래요?

당신은 그들의 말에 동의할 마음이 없습니다. 모두 다 유죄로 보였으니까요. 하지만 당신의 임무는 범인들이 금고를 털기 전에 금괴가 몇 개 있었는지 알아내는 것입니다.

금괴는 모두 몇 개였을까요?

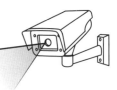

당신이 속한 밀수 조직의 보스가 다음 거래처에서 접선할 상대의 이름을 알려주는 암호 메시지를 찾아보라며, 항구 근처 버려진 탑을 지켜보라고 지시했습니다.

그날 저녁 창문 몇 개에 수수께끼처럼 불이 켜집니다. 기다리던 메시지인 것 같긴 한데 모스부호는 아닙니다. 점자일까요?

암호를 풀고 거래처에서 접선할 사람의 이름을 알아보세요.

30

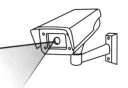

당신의 범죄조직원이 교도소에 있습니다. 하지만 활동을 접지는 않았 죠. 교도소 안에서 그들은 라이벌 범죄조직의 본거지에 접근할 수 있 는 암호를 알아냈습니다. 조직의 본거지 건물 안으로 들어가기만 하면 온갖 정보를 알아낼 수 있을 것입니다.

물론 정보원은 암호로 위장해야 했고, 당신이 받은 것은 다음의 나열 된 그림과 짧은 메시지뿐입니다.

PM   AM   PM

당신이 찾아야 하는 것은 12자리 숫자입니다.
해결할 시간은 단 하루 24시간!

14. 아파트를 찾아라

자기 보스에게 불만을 품고 손을 씻으려는 범죄조직원이 당신에게 제보를 보냈습니다. 그가 보낸 것은 보스의 아파트 호수가 적힌 쪽지입니다. 굉장하죠. 그 범죄자가 어느 아파트에 사는지는 이미 알고 있었지만, 이 쪽지로 퍼즐의 마지막 조각이 맞춰진 겁니다.

제보자는 들키지 않으려고 정보를 암호화했습니다. 쪽지 내용을 해석하고 조직 보스의 아파트 호수를 유추할 수 있을까요? 첫 번째 자리 숫자는 나와 있지만, 두 번째와 세 번째 자리 숫자는 무엇일까요?

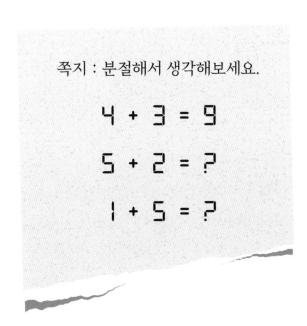

쪽지 : 분절해서 생각해보세요.

$$4 + 3 = 9$$

$$5 + 2 = ?$$

$$1 + 5 = ?$$

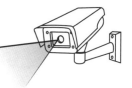

당신은 도둑맞은 값진 보석을 괴짜이지만 뛰어난 범죄 천재의 집에서 받아 전달하라는 지시를 받았습니다. 그러나 당신이 약속 시간에 도착해보니 그녀는 집에 없었고 당신은 보석이 어디에 숨겨져 있는지 알 수 없습니다.

집은 난장판으로, 종이, 악기, 과학 실험 도구와 책이 사방에 흩어져 있습니다. 당신은 결국 책상 밑에서 숫자 키패드가 달린 금고를 찾아냅니다. 책상 위에는 당신 이름이 적힌 쪽지가 있고, 나침반을 올려 고정해놓았습니다.

N – S

NW – NE – E – W – SW – SE

NE – NW – W – E – SE – SW

NW – NE – S

암호를 풀어야 보석을 찾을 수 있습니다.

반드시 직선으로만 이동한다는 점을 명심하세요.

암호를 풀고 금고를 열 수 있을까요?

16. 어느 집에 있을까?

당신과 함께 일하는 경사는 한동안 범죄조직을 추적해왔지만 아무 증
거도 발견하지 못했습니다.

최근 당신은 조직원들의 집 주소를 찾으려고 애써왔습니다. 모두 온라
인에서 활발하게 움직이고 있지만, 당신은 그들의 집을 제대로 수색해
야 증거를 찾을 가능성이 높다고 생각합니다.

경사는 조직원들이 소셜미디어에서 이름을 암호화하는 방식과 그들
의 집 주소를 연관 지어 조사하고 있습니다.

그의 메모를 살펴보면 사건 해결이 목전에 있는 것 같습니다.

경사가 막 사무실을 나섰을 때 당신은 급한 전화를 받았습니다. 조직
원 전체가 쇼핑몰에 모여 강도 행각을 벌이려 한다는 제보였습니다.

당신이 조직원들과 대면하는 사이 일부 대원을 관련 범죄자들의 집으
로 보내 수색할 기회가 생겼습니다. 하지만 먼저 경사의 메모가 무슨
뜻인지 알아내야 합니다.

당신이 알아내야 할 것은 집 호수입니다. 그러면 체포에 필요한 모든
것을 확보할 수 있습니다. 이미 경사가 2개는 풀어낸 것 같네요. 나머
지 3개는 무엇일까요?

범죄자-실명	범죄자-온라인 이름	주소-거리명	주소-번지수
Marcus Leary	Bpgrjh Atpgn	하노버 플레이스	15
Cathy Jaydon	Jhaof Qhfkvu	그린 레인	7
Jesse Winton	Xsggs Kwbhcb	페어차일드 애비뉴	?
Larry Orsino	Mbssz Pstjop	하이 스트리트	?
Helga Smith	Spwrl Dxtes	다크 힐	?

용의자들은 온라인 이름을 어떤 방식으로 만들었으며, 각각 어디에 살고 있을까요?

17. 강도를 찾아라

식료품점 강도 사건의 목격자가 용의자 외모를 아래와 같이 설명하고, 오른쪽 페이지에 있는 용의자 사진첩에서 해당 인물을 찾고 있습니다. 사진첩에는 해당 지역에서 활동한다고 알려진 6명의 좀도둑 사진이 있습니다.

다음은 목격자의 진술입니다.

- 딱히 키가 크거나 작아 보이지는 않았어요. 그러니 어떻게 봐도 여기서 키가 가장 큰 사람은 아니겠지요.
- 피어싱은 확실히 하나도 없었어요. 물론 눈에 보이는 곳에 없었단 말이죠.
- 얼굴에 흉터가 하나 있었나 싶기도 해요. 아니면 큰 주름이었을지도? 아무튼 둘 중에 하나는 분명해요. 그리고 주근깨는 분명히 없었고요.
- 아, 맞아요. 이 얘기부터 해야 했는데. 완전히 대머리는 아니었어요.
- 생각해보니 얼굴 왼쪽에 확실히 흉터가 있었어요. 그러니까 내가 봤을 때 왼쪽에요.
- 도움이 되었나요? 기억나는 건 그게 다예요.

목격자가 묘사한 사람은 누구일까요?

젤로 용의자 머그샷

37

18. 정문 통과하기

당신은 어느 범죄자가 다른 범죄자에게 보낸 '정문 새 암호'라는 제목의 이메일을 가로챘습니다. 다음번에 그들의 구역을 '방문'할 때 아주 쓸모 있을지도 모르겠군요.

하지만 이메일을 열어보니 숫자는 하나도 없었습니다. 그저 이상한 지도와 일련의 지시뿐. 어딘가 숫자가 감춰져 있을 텐데요……

정문 새 암호

지시 ─ 물품 배달

1일 차 : 젬스 식품점에서 물품을 챙겨 곧장 보스의 아파트로 가서 서명 받기. 여기서 물품을 곧장 조직 본부로 가져가기.

2일 차 : 경찰서 남서쪽 차고에서 물품 챙기기 ─ 은행으로 가져가서 파트너 만나기.

함께 소방서 남서쪽 공중전화 부스로 가서 도주 차량 운전자에게 전화하기. 그다음 주차장에 가서 만나기.

3일 차 : 은행에서 물품 챙기기(줄 서 있는 동료 만나기). 조직 본부로 가져가되 중간에 병원에 들를 것 ─ 확인해야 할 사항 있음. 북동쪽 차고로 가서 차를 가지고 가장 가까운 공중전화 부스로 가서 보스에게 전화해 전부 계획대로 진행되었음을 확인하기.

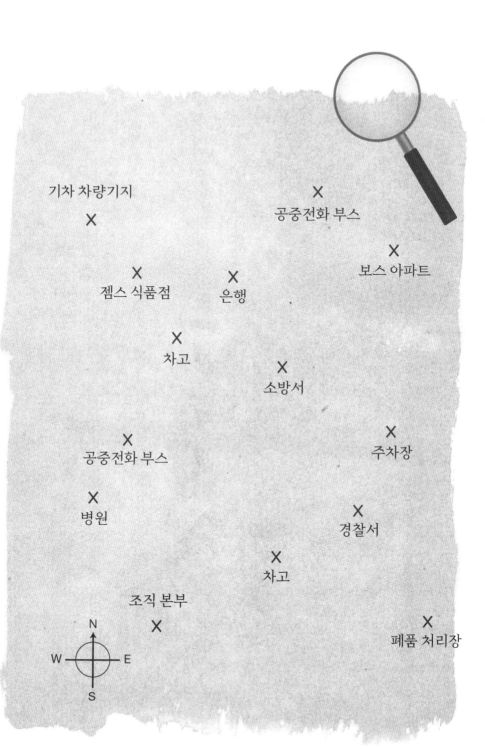

19. 해커를 해킹하라

익명의 정보원이 당신의 본부 사무실로 메모리 스틱을 직접 배달했습니다. 메모리에는 그 나라 최고의 해커에게 훔친 파일이 들어 있습니다. 그러나 메모리에는 암호가 걸려 있습니다.

메모리를 컴퓨터에 꽂으니 화면에 단서 몇 개가 나타납니다. 암호는 숫자 대신 상징을 사용한 것 같군요.

각각의 상징이 의미하는 숫자로 암호를 알아낼 수 있을까요? 각각의 상징은 숫자 하나를 의미합니다.

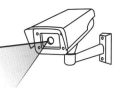

당신은 절도에 성공해 값진 보석들을 손에 넣었습니다. 하지만 경찰이 추적하기 전에 얼른 보석을 처분해야 합니다.

당신은 업계 최고 보석 장물업자의 이름을 전달받았습니다. 하지만 연락책은 상대의 신원 보호를 위해 전화번호를 암호화했군요.

연락책이 갈겨쓴 암호를 풀고 전화번호를 알아낼 수 있을까요?

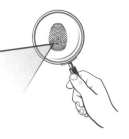

21. 악인의 휴가

연쇄살인마가 활보하고 있습니다. 기이하게도 그는 미리 경고 보내기를 즐깁니다. 한 번에 3개씩.

일련의 연쇄살인 직전, 그는 어디에서 악행을 저지를 계획인지 밝히는 시각적 단서를 경찰에 보냅니다.

지금까지 경찰은 범행 장소에 제때 도착하지 못했지만, 혹시 당신이 도움을 줄 수 있을까요?

과학수사대와 협력하여 이 모든 장소를 알아내고 다음 살인이 일어나기 전에 범인을 잡을 가능성을 최대한 높여보세요.

▶ 장소 1
유럽 대륙 어딘가로 생각됨.

▼ 장소 2
미 대륙 어딘가로 생각됨.

▼ 장소 3
위의 두 그림과는 다른 대륙으로 생각됨.
해당 대륙에서 특정 국가의 유명 관광지
일 가능성.

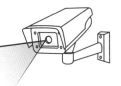

22. 고전적 통신

당신은 어울리지 않게 이모티콘 암호를 주고받는 악명 높은 조직의 일원입니다.

당신은 다음 절도 계획에서 두 번째로 높은 지위에 있으며, 지도부는 아래 암호를 통해 다음 목표물의 이니셜 3개를 알려주었습니다.

메시지 1

메시지 2

메시지 3

메시지 4

선 긋고, 확실하게 점 찍기!

이 메시지를 통해 다음 희생자를 알아낼 수 있을까요? 아니면 최소한 희생자의 이니셜이라도 알 수 있을까요?

23. 속삭인 말

당신은 긴 하루 끝에 동네 카페에 들러 커피를 마시던 중 대화를 듣게 됩니다. 남자와 여자가 속삭이고 있는데 세부적인 내용이 다 들립니다. 그들은 절도를 계획하고 있습니다. 중요한 것은 바로 내일이라는 겁니다. 다음이 그들의 속삭임에서 얻은 정보입니다.

- 범죄 목표 : 본드가에 위치한 고급 보석상
- 남자와 여자는 결혼반지를 둘러보는 척할 예정
- 그들은 오후 3시에 상담 예약을 했습니다.
- 그들은 금과 다이아몬드 반지에 관심을 보일 것입니다.
- 그들이 살펴볼 수 있도록 보석상이 반지 몇 개를 내놓으면 총으로 위협하고 반지를 훔쳐 도망칠 것입니다.
- 보석상 밖에는 포드 몬데오가 대기하고 있다가 미리 계획한 대로 메이페어에 있는 부패 은행가의 집으로 데려갈 것입니다.

당신은 눈길을 끌까 봐 아무런 메모도 하지 않습니다. 하지만 가능한 빨리 사무실로 돌아가 최대한 많은 정보를 파트너에게 전해야 합니다. 위의 정보를 외워서 다음 페이지의 중요 정보를 동료에게 전달할 수 있는지 확인해보세요.

먼저 앞 페이지를 읽고 아래 질문에 답하세요.

당신은 사무실에 돌아와 파트너에게 정보를 전하려 합니다. 파트너의 질문이 아주 많군요. 모두 답할 수 있을까요?

1. 범죄자들이 관심을 보일 보석은 무엇입니까?

2. 그들이 대기해둔 도주 차량의 차종은 무엇입니까?

3. 절도가 벌어질 곳은 어느 거리에 있나요?

4. 절도를 실행할 사람은 몇 명인가요?

5. 상담 예약은 몇 시인가요?

6. 부패 은행가가 있는 곳은 어디인가요?

24. 암호 찾기

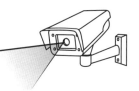

당신은 정상급 인터넷 해커로 대학 컴퓨터 시스템에 침입하여 분자물리학의 새로운 발견을 다룬 문서를 빼내는 일을 의뢰받았습니다.

모든 것이 계획대로 진행되었지만 문서에 암호가 걸려 있습니다. 당신은 '암호 기억용'이라는 이메일을 발견하지만 이것 역시 일종의 암호로 쓴 듯합니다.

암호 기억용 :

열쇠는 표에 :

E 53 7 16 52 53 7

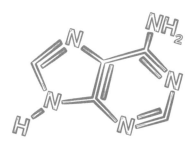

표라는 게 무엇을 말하는 걸까요? 그리고 암호는 무엇일까요?

25. 독약을 선택하라

당신은 오랜 기간에 걸쳐 조직의 보스를 수사해왔고, 이제 그가 정의의 심판을 받게 할 정보를 충분히 모은 것 같습니다.

상사에게 전화가 걸려오자 당신은 이제 급습할 때라고 확신했지만 상사는 나쁜 소식을 전합니다.

며칠간 몸을 숨기고 있던 조직의 보스가 은신처에서 시신으로 발견된 것입니다. 당신이 예상하지 못했던 일이죠.

당신은 그의 은신처에 가서 무슨 일이 있었는지 추리하려 합니다. 보스를 노리는 이들이 많은 만큼 용의자도 상당히 많지만 처음에는 누군가 개입한 것처럼 보이지 않았습니다.

사방에 깔린 당신의 스파이들이 그가 은신처 아파트에 틀어박혔을 때부터 계속 감시하고 있었습니다. 아무도 아파트를 방문하지 않았고, 첫날 들른 그의 여자 친구는 금방 돌아갔습니다. 그럼 그는 어떻게 죽었을까요?

당신은 보스의 침대 옆에서 휘갈겨 쓴 일기를 발견합니다. 보스는 은신 기간 동안 일기를 쓰며 보낸 모양이군요.

1일 : 소피가 들러 라자냐를 주고 갔다—소피는 내가 몸을 숨기고 있다는 걸 알고 있다. 다정한 여자. 라자냐는 늘 그렇듯 맛있었다. 소피는 요리를 잘하고 늘 믿을 만하다.

2일 : 오늘은 별로 기분이 안 좋다. 오전 내내 복통이 있었지만 점심으로 라자냐를 좀 먹었다. 일주일 내내 먹을 만큼 양이 넉넉하다. 소피가 없으면 어떻게 살까?

3일 : 끔찍한 악몽을 꿨다. 잠에서 깨었지만 여전히 이상하게 보이고, 악몽 같은 것이 방에 있다. 오전 내내 토할 거 같아서 계속 누워 있었다.

4일 : 깨어보니 베개에 온통 머리카락이 빠져 있었다. 이것도 환각인가 했지만 진짜 내 머리카락이었다. 숨어 있느라 스트레스를 받았나?

5일 : 맑은 공기를 마시러 창가로 가려 했지만 슬리퍼가 발에 안 맞는 거 같다. 발이 아파서 못 걷겠다. 발에 불이 붙은 기분이다. 도대체 무슨 영문이지?

처음에는 별 도움이 안 될 것 같았습니다. 다만 희생자는 죽기 전에 상태가 안 좋았던 듯합니다.

검시의에게 전화가 왔는데, 아직 부검이 완전히 끝나지는 않았지만 조직 보스가 뭔가 독극물에 당한 것 같다고 합니다. 그렇다면 일기 내용과 일치하는 듯합니다. 그래서 당신은 일기를 실험실로 가져가 단서를 맞춰보기로 합니다.

부검실에 도착한 당신은 팀원들에게 일기 복사본을 보여줍니다. 팀원들은 사용되었을 법한 독극물의 범위를 좁혀 목록과 증상을 보여줍니다.

스트리크닌

근육 경련을 일으키고, 이어 호흡을 관장하는 신경계를 마비시켜 질식으로 이어집니다. 약물 노출 2~3시간 후에 사망합니다.

비소

두통, 착란, 졸음, 심각한 설사와 토혈, 그와 함께 복통, 근육 경련과 발작을 동반합니다. 만성 중독 시엔 탈모가 있습니다. 중증인 경우 혼수상태에 의한 사망이 흔합니다. 심각한 경우 2시간에서 4일 사이에 사망합니다.

아트로핀

따뜻하고 건조한 피부, 땀이 줄어들며, 동공이 확대되어 흐려진 시야, 환각과 심각한 경우 혼수상태에 이릅니다. 부검에서 찾아내기 아주 힘들지만 뚜렷한 쓴맛이 있습니다.

청산가리

발작과 경련, 호흡 곤란, 그리고 심각한 경우 혼수상태로 이어집니다. 심장마비로 사망하며 섭취 후 2~5분 이내에 일어납니다.

알광대버섯

복통, 설사, 현기증과 구토, 황달, 섬망, 경련과 혼수상태로 이어집니다. 간과 신장 기능 부전을 일으키며, 노출 후 6~16일 내에 사망합니다.

탈륨

복통, 메스꺼움과 구토, 그리고 신경 손상(손바닥과 발바닥이 매우 아픕니다), 불안, 착란, 환각을 일으킵니다. 소량 복용 시에는 탈모가 있을 수 있습니다. 무색, 무미이며 물에 녹습니다.

당신은 이제 소피가 용의자라고 거의 확신합니다. 하지만 어떻게 한 걸까요? 일기 내용을 통해 이 독극물 중 어느 것이 마피아 보스 살인에 사용되었을지 알아낼 수 있을까요?

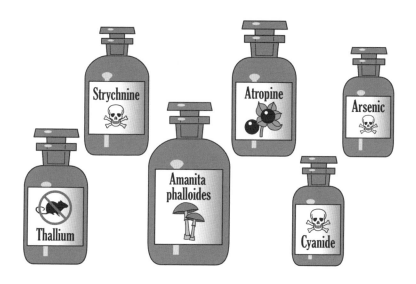

26. 건물 비밀번호

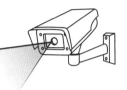

당신은 몇몇 동료와 함께 크게 한탕 칠 계획을 짜고 있습니다. 그중 한 명은 헤지펀드에서 정체를 숨기고 일하고 있는데, 당신은 그들의 보안 시스템을 뚫고 거액을 훔쳐내고자 합니다.

헤지펀드 팀은 출장으로 자리를 비웠으며 당신 동료도 포함되었습니다. 본사를 침입해 사전 정탐하기에 최적의 시간입니다. 당신은 동료에게 전화해서 정보를 얻고 싶지만, 동료의 통화는 감청되고 있습니다. 동료는 헤지펀드 사무실에서 오는 전화만 받을 수 있습니다.

당신은 뒷문으로 사무실 건물에 침입해야 하는데 비밀번호가 걸려 있습니다. 당신 동료가 깜박하고 알려주지 않은 것 같군요. 하지만 떠나기 전 동료는 당신에게 퍼즐 코너가 보이도록 신문을 접어서 주었습니다. 이제 보니 거기에 스도쿠 퍼즐 4개가 있고 그중 일부의 옆에 메모가 있습니다. 동료는 자기가 없는 사이 당신이 이 퍼즐을 풀어 비밀번호를 알아내라고 쓴 것이 분명합니다. 동료가 퍼즐 옆에 남긴 메모는 다음과 같습니다.

사무실 : 가운데 블록
가운데 줄, 왼쪽에서 오른쪽,
3자리

당신은 이 퍼즐을 풀기로 결심합니다.

		8	7			1		
	9		3		4		5	
2			9		8			4
	2	6				7	4	
1								6
	4	7				5	8	
6			1		3			2
	1		4		9		3	
		9		2		4		

이 3자리 암호가 당신에게 필요한 비밀번호이면 좋겠군요. 스도쿠를
풀고 비밀번호를 알아낼 수 있을까요?

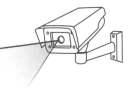

27. 위험한 전화번호

당신은 사무실 건물에 침입하는 데 성공했습니다. 이제 어떻게 할까요?
동료에게 전화해서 더 많은 정보를 들어야 하는데 동료의 회사 전화
번호를 모릅니다. 최소한 이제 차단되지 않은 사무실 전화로 걸 수는
있겠군요.

퍼즐 페이지를 다시 확인하니 다른 스도쿠 퍼즐 옆에 '혹시 의문이 있다
면 친구에게 전화하세요'라고 적혀 있습니다. 당신은 동료의 전화번호
가 9자리에 '5'로 시작된다는 것을 깨닫습니다.

누군가에게 들키기 전에 퍼즐을 풀고 동료에게 전화할 수 있을까요?
전화번호는 가로로 읽는다고 가정합니다.

4								8
			1	6	4			
		9	7		5	3		
	1	8				5	2	
	6			9			1	
	4	2				9	6	
		6	3		7	1		
			8	5	9			
8								9

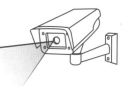

28. 금고 열기

잘했습니다. 전화번호를 알아냈군요. 당신은 동료에게 전화했고, 동료는 세 번째 스도쿠에 펀드매니저의 은행 계좌 비밀번호가 숨겨져 있다고 말합니다. 이 번호를 알아내면 펀드매니저의 온라인 계좌를 해킹해서 돈을 세계 어디로든 보낼 수 있습니다. 사전 정탐은 이쯤으로—방금 한 탕 털이가 시작됐네요. 동료는 전화를 끊기 전에 대각선의 합이 44인 숫자 조합이 필요하다고 알려주었습니다. 세 번째 퍼즐을 풀 시간입니다.

3			9		5			6
		1				9		
	7		3		6		5	
1		3				2		8
				6				
8		7				5		1
	2		6		4		7	
		6				3		
4			1		9			2

퍼즐을 풀면 계좌 비밀번호를 찾게 됩니다. 몇 번을 입력할까요?

비밀번호 입력 : 4

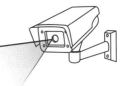

29. 배반?

당신은 펀드매니저의 컴퓨터에 비밀번호를 입력했습니다. 머리 위에서 경보음이 터져 나오는 바람에 깜짝 놀랍니다. 그 소리에 귀가 멀 것 같군요. 에러 메시지가 화면에 번쩍입니다.

무단 침입 의심

보안 코드를 입력하십시오 : _ _ _ _

1회 시도 가능합니다.

10분 내에 입력하지 않을 시 비상 시스템 정지

문이 잠깁니다.

공포가 밀려옵니다—동료가 함정을 놓은 걸까요?
전화를 쳐다보지만 동료에게 전화해서 해결할 시간은 없습니다. 특히 동료가 당신을 함정에 몰아넣었다면 말이에요. 아직 완성되지 않은 마지막 스도쿠가 있지만, 옆에는 아무런 안내 메시지가 없습니다. 어떻게 해야 할까요?
그때 당신 휴대폰에 모르는 번호로 문자 메시지가 들어옵니다. 당신은 그것이 앞서 해독했던 동료의 회사 휴대폰 번호임을 깨닫습니다.

문자 내용:
사방에 배신자가 있어 — 맨 아래 짝수!

당신은 경보음이 울려대고 건물 안에 갇힌 채 동료를 계속 믿어야 할지 확신이 서지 않습니다.

경찰에 잡힐 위험이 커져서 동료가 마지막 단서를 주었다고 믿기로 합니다. 하지만 먼저 마지막 스도쿠를 풀어야 4자리 코드를 알아낼 수 있습니다.

	3	2				1	4	
7			2		5			6
6								7
	7		1		4		2	
				7				
	5		8		2		3	
1								3
5			9		3			8
	9	7				5	1	

보안 코드는 무엇일까요?

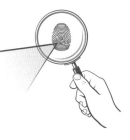

30. 이름 찾기

당신은 악명 높은 범죄조직을 추적하고 있습니다. 이들은 해커가 전 세계 주요 미술관의 보안 시스템을 원격으로 무력화하면 현장에 있던 팀이 들어가 귀한 미술품을 싹 쓸어가는 방식으로 활동합니다.

몇 달간의 조사 끝에 당신은 마침내 해커들과 거리를 좁혀가고 그들이 작전을 지시하는 곳의 주소를 알아냈습니다.

해커의 아파트를 급습했을 때 그곳에는 아무도 없었습니다. 하지만 책상 위에서 'TARGETS'라는 라벨이 붙은 메모리 스틱을 발견합니다.

진짜라고 믿기에는 너무 달콤하죠. 왜 그걸 빤히 보이는 곳에 두고 갔을까요?

아니나 다를까 파일을 열어보니 이름과 날짜로 보이는 목록과 함께 '경찰 관계자에게'라는 제목으로 조직에서 보낸 메시지가 들어 있었습니다.

당신은 단서를 제때 풀어 당사자들에게 알려줄 수 있기를 바라며 약 올리는 듯한 메시지를 뜯어봅니다.

사실 이 이름들은 실제 목표가 아니라 여기에 오늘 한탕 털 장소가 숨겨져 있다는 확신이 듭니다. 범죄자들은 꽤나 오만하죠. 특히 경찰이 자기들의 교묘한 암호를 절대 풀지 못하리라고 생각한다면요.

오늘의 목표는 어디일까요?

축하합니다 – 우리 본부를 찾았군요. 훌륭하군요.
슬프게도, 당신들이 오늘 작업을 막을 방법은 없지만,
우리가 올해 노릴 사람들의 일정을 재미 삼아 남깁니다.

GREG HUNTER : 01/02

HEDWIG GREEN : 06/01

VIOLET MARSTON : 05/07

ANISHA PEELE : 05/05

DELIAH MALIK : 04/01

31. 도둑맞은 꽃

범죄자가 희귀 꽃 묘종을 훔쳐갔습니다. 당신은 도둑이 그 꽃을 빤히 보이는 곳에 숨겨두었다고 확신합니다. 바로 여기, 식물원에요.

당신은 가능성 높은 장소를 오른쪽 페이지의 작업대로 좁혔습니다. 그 중에서 귀한 난초를 찾을 수 있을까요?

다행히 도둑맞기 직전 촬영한 사진이 있으니, 희귀식물을 무사히 찾는 데 도움이 될 것입니다. 얼마 만에 찾을 수 있는지 알아보세요.

32. 배신자는 누구?

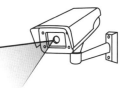

마틴은 정확히 나쁜 사람은 아닙니다. 훌륭한 상사이고, 직원들에게 친절하고, 근무 시간을 잘 지키며, 공정하게 임금을 지급합니다. 재미있고, 점잖으며, 여가 시간에는 채소 농사를 짓습니다. 개인적으로는 그를 흉볼 일은 없습니다.

다만 마틴은 국제적인 사이버 범죄조직의 수장이며, 많은 이들이 그런 점에 거부감을 느끼고 있죠.

나는 마틴과 여러 해 동안 함께 일했습니다. 정확히는 10년입니다. 내가 그를 만났을 때 그는 이미 '팀'(그렇게 부르더군요)을 몇 년째 운영하고 있었지만 나를 가족의 일원처럼 반겨주었습니다. 내가 그를 만난 곳은 온라인 암호 채팅방이었어요. 나는 좀 수상한 무리 사이에서 그의 이름이 오가는 것을 들었고, 그 소문에 감춰진 사람에 대해 더 알아보고 싶었습니다.

그는 항상 의적 로빈 후드처럼 언급되었지요. 그는 랜섬웨어를 개발해 라이벌 조직에 보내고, 그들의 자산을 동결하고, 때론 상대가 비겁하게 나오면 자금줄을 끊어버리기도 했습니다. 그는 상당히 합당한 요구를 했습니다. 남편을 잃은 부유한 노부인이 평생 모은 돈을 빼앗지 말아라, 자선사업 용도의 주요 계좌를 털지 말라, 우리가 선호하는 목표물 외에는 해킹하지 마라, 그런 식이었죠.

몇 달 전 최대 라이벌이 선을 넘었습니다. 우리는 거의 모든 활동이 온라인상에서 이루어졌지만, 이들은 우리의 실제 본부 위치를 파악했습니다.

다수의 장비와 일부 민감한 정보가 있는 작은 임대 창고였지요. 그리고 지폐 다발도 몇 개 있었죠. 어떻게 했는지 누군가 열쇠로 열고 침입했습니다. 그들은 중요한 정보를 메모리 스틱에 담아갔을 뿐만 아니라 지폐 뭉치도 챙겨갔습니다. 그들은 본인들이 들렀다는 메시지까지 신나게 남겼지요.

마틴은 평소 사용하던 전술을 총동원했습니다. 놈들의 계좌에서 돈을 싹 빼버리고, 놈들의 장비를 망가뜨릴 바이러스 웜을 보내는 등 아주 그럴싸하게 위협했습니다. 그 돈은 가져도 된다, 어차피 위조지폐이니까 제대로 쓸 수 없을 것이다, 하지만 메모리 스틱은 돌려달라, 아니면 각오해야 할 것이다. 데이터 도둑들은 딱 한 가지를 요구했습니다. 마틴과 직접 만나 개인적으로 이야기하고 싶다고, 그러면 문제의 데이터가 들어 있는 메모리 스틱을 돌려주겠다고 했습니다. 그것뿐이었죠. 곧이듣기엔 너무 솔깃했지만 마틴은 밀고 나갔습니다. 오랫동안 온라인에서 사기치던 끝에 현실에서 사람을 만나다니 신선하다고 했습니다. 어쩌면 말이 통해서 휴전을 이끌어낼 수도 있겠죠. 메모리 스틱을 되찾기 위해서라면 무엇이라도.

물론 그건 함정이었습니다. 진작 알았어야 했어요. 매복이긴 한데 우리가 대비한 그런 게 아니었습니다. 도착하자마자 마틴은 경찰에 포위되었습니다. 경찰? 놀라웠지요. 접촉한 상대가 잠복 중인 경찰이거나 아니면 라이벌 측에서 경찰에 제보한 게 틀림없습니다. 하지만 두 번째 경우는 가능성이 없습니다. 범죄조직이 경찰과 어울리다니요? 그래서 우리 쪽 사람이 외부에 정보를 흘리고 자기 열쇠로 '침입'했으리라는 결론에 도달했습니다.

아무튼 마틴은 한동안 철창에 갇혀 있었고, 나에게 배신자가 누군지 알아내라고 했습니다.

임대 창고 열쇠는 5개가 있으며, 믿을 만한 5명이 하나씩 가지고 있습니다. 마틴과 내가 하나씩, 그리고 팀 내에 열쇠를 가진 사람이 3명 더 있습니다. 사라, 자크, 그리고 레온. 모두 침입 사건 후 곧장 임대 창고로 왔으며, 마틴이 수감되었을 때 똑같이 심란해했으니, 셋 다 저쪽으로 넘어간 것으로 보이지 않았습니다. 마틴은 의심할 여지 없이 나를 믿는다고 했습니다. 그러므로 창고에 침입한 날 모두 무엇을 하고 있었는지, 열쇠를 어디에 보관하고 있고, 셋 중 누가 우리를 경찰에 팔아넘겼는지 알아내는 것은 내 몫이었습니다.

침입이 있던 날은 일주일 전 목요일이었습니다. 아침 일찍, 보안 기록에 따르면 오전 5시경이었습니다. 30분 후 누군지 몰라도 침입자는 자신이 메모리 스틱을 갖고 있으며 얘기하고 싶다고 우리에게 메시지를 보냈습니다. 나는 레온에게 목요일 아침 무엇을 하고 있었는지 묻는 것부터 시작했습니다. 그리고 평소 열쇠를 어디에 보관하는지도 물었죠.

"자고 있었지! 쿨쿨 잤어. 알잖아, 나 늦게 일어나는 거. 전날 수요일 밤에 자크가 들러서 비디오게임 몇 판 했고. 온라인 말고 진짜 사람하고 어울리니 좋더라. 알지, 헤드셋과 이용자명을 안 쓰고 말이야.

고카트 레이싱 게임 몇 판 한 다음 피자를 주문했고, 자크는 밤 10시쯤 갔어. 나는 너무 피곤해서 11시쯤 잠든 거 같아. 빛 한 줄기 새어 들지 않는 암막 블라인드가 있어서 세상 모르고 곤히 잤지. 열쇠는 침대 협탁 서랍 바닥에 셀로판테이프로 붙여놨어. 작년 이후로 열쇠를 사용한 적이 없는 것 같은데, 창고에 혼자 간 적이 없으니까. 항상 너나 마틴하고 갔잖아.

누군가 창고에 침입했다는 소식을 듣고 열쇠를 확인해봤는데 제자리에 있었고 테이프도 그대로였어. 그리고 내가 자는 사이 들어온 사람은 아무도 없었어. 잘 때는 안에서 전부 다 걸어 잠그니까. 오전 8시쯤 일어나 보스가 보낸 침입 관련 메시지를 봤지. 그래서 샤워하고 창고로 가서 보스와 만났어. 아마 네가 도착하고 1시간쯤 후일 거야. 8시 30분 정도? 그래서 나는 별로 도움이 안 될 거야. 열쇠를 옆에 둔 채 내내 자고 있었으니. 밤에 사라가 내일 일어나자마자 조깅하러 나간다고 메시지를 보냈으니 아침 일찍 일어나 있었겠지만, 어차피 사라는 활동하는 시간대가 정상이 아니야. 올빼미잖아. 보스에게 소식이 왔어?"

나는 그렇다고 답했지만 내부의 배신자가 누구인지 알아내라는 지시를 받았다는 말은 하지 않았습니다. 다음으로 자크를 찾아가 같은 질문을 했습니다. 어디 있었는지, 그리고 열쇠는 어디 두었는지 물었죠.

"수요일 밤 레온의 집에 갔어. 시시한 비디오게임 좀 하고 피자를 먹은 다음 밤 10시쯤 걸어서 집에 왔지. 레온의 집에 처음 가본 건데 상당히 작은 아파트 1층이더라. 블라인드를 내려놔서 꽤 어둡고 우중충했어. 그게 숙면에 도움이 된다나. 집에 도착하니 밤 11시쯤이었어. 우리 집에서 그렇게 멀지 않은데 천천히 걷느라. 게임 친구들한테 혹시 게임하겠냐고 메시지를 보냈는데 온 세상이 잠든 거 같았어. 그냥 샤워하고 자정쯤 잠자리에 들어서 곧장 잠들었어.

새벽 2시쯤에 게임 친구의 메시지를 받고 잠이 깼어. 다시 잠이 오지 않아 친구들하고 게임 몇 판 했지. 사라가 새벽 4시 15분쯤 같이 조깅하겠냐고 메시지를 보냈어. 이상한 여자야. 항상 밤에 깨어 있으니 말이야. 어차피 나도 잠이 안 오는 데다 사라가 일출이 볼 만하다길래 준비물을 챙겨 따라나섰어. 달리는 중에 레온의 집을 지났고, 사라가 혹시 레온도 깨어 있으면 같이 갈지 물어보려고 전화했는데 안 받더라고. 아마 자고 있었겠지. 그래서 그냥 우리 둘만 갔어. 오전 6시쯤 돌아왔는데 사방이 다 고요하더라. 그리고 우리 집에서 사라한테 오믈렛을 만들어줬어.

사라가 막 가려는 참에 마틴한테 창고에서 만나자는 메시지가 왔어.

오전 7시쯤. 우리는 30분 후쯤 창고에 도착했지. 바로 너 다음에. 열쇠는 내가 갖고 있었어. 아파트 열쇠랑 같은 열쇠고리에 끼워놔서 항상 갖고 다니거든. 동 틀 때 사라와 조깅하러 나갔을 때도 말이야. 사실, 바로 여기 있어. 하지만 이제 자물쇠를 바꾸겠지?"

그의 말대로 자물쇠를 바꿀 것이고, 그러고 나면 열쇠를 가진 사람은 확실히 나 하나뿐일 것입니다. 자크의 이야기는 상당히 사실처럼 들렸습니다. 이제 사라를 찾아가 뭐라고 말할지 확인하는 일만 남았습니다. 다른 사람들과 마찬가지로 사라는 목요일 이른 새벽에 무엇을 했는지, 그리고 열쇠를 어디 두었는지 말했습니다.

"수요일 밤에 사실은 마틴하고 함께 있었어. 개발 중이던 소프트웨어 마무리를 하느라. 알잖아. 감지하기 힘든 느리게 작용하는 웜. 저녁 8시 무렵까지 창고에 있었어. 흔하지 않은 일이지. 나는 보통 저녁에는 거기 안 가는데, 마틴이 늦게까지 일하겠다고 했고 그 신작을 거의 끝낸 참이라 평소보다 더 늦게까지 있었던 거야. 내 열쇠로 잠그겠다고 했는데, 마틴이 자기가 잠근다고 했어. 마틴이 나를 믿는다는 건 알아. 그냥 습관이겠지. 아무튼 마틴이 문을 잠그는 걸 봤고—확실히 잠겼어—우리 둘 다 각자 열쇠를 갖고 나왔어. 그러니 그 점에서는 별로 도움 줄 게 없네.

집에 저녁 8시 30분쯤 도착했는데 아직 눈이 말똥말똥하지 뭐야. 스파게티를 만들어 먹고 내 개인 작업을 하기 시작했어. 합법적인 비디오게임! 아직 제작 단계라 그냥 혼자 이것저것 찔러보는 건데, 몇 시간 했어. 자크와 레온이 함께 놀고 있는 것은 알았지만 11시쯤에는 자리를 파했나 보더라. 자크가 같이 게임하겠냐는 메시지를 보냈거든. 다만 자크는 그게 나인 줄 몰라. 몇 주 전 새 게임에서 우연히 자크를 만났는데 그는 상대가 나인 줄 모르거든. 나는 좀 지나서 알게 되었는데 그때는 말하기가 내키지 않았고 이제 와서 털어놓으려니 너무 어색한 거야. 아무튼 하던 일에 집중하던 터라 답은 하지 않았어. 좀 자고 싶기도 했고.

새벽 3시쯤부터 잤을 거야. 온라인에 들어가 보니 자크가 다른 사람과 게임 중이더라고. 그러니 자크도 깨어 있는 거였지. 일출이 아주 멋지 겠다 싶어서 조깅을 가기로 했어. 남자들한테도 메시지를 보냈고. 레 온은 워낙 깊이 잠들었는지 답이 없었지만, 자크는 같이 가겠다고 답 장을 보냈더라. 사실 레온 집을 지나갈 때 창문을 노크하고 깨어 있나 보려고 했거든. 좀 무례하긴 하지만 창문을 들여다보니 안에 불이 다 꺼져 있기에 아직 자나 보다 했어.

우리는 자크 집까지 달렸고 자크가 아침으로 오믈렛을 만들어줬어. 귀 엽긴. 그런 다음 보스가 창고 건으로 메시지를 보냈기에 그냥 나왔지. 그 게 오전 7시쯤이었을 거야. 그러고 나서 30분쯤 후에 우리가 너 다음으 로 창고에 도착했던 걸로 기억해. 내 열쇠는 전날 밤부터 갖고 있었고, 조깅할 때도 가져갔어. 절대 내 시야 밖에 둔 적이 없어. 이거야. 우리 집 열쇠 바로 옆에, 보이지? 어떻게 이런 일이 벌어졌는지 정말 모르겠네."

사라의 이야기는 믿을 만했고, 두드러지는 점은 전혀 없었습니다. 사 실 세 사람의 설명이 맞아떨어졌고 내가 수사 방향을 제대로 잡은 걸 까 의문이 들기 시작했습니다.

마틴에게 전화를 걸어서 세 사람한테 들은 이야기를 전하려고 했지만 그가 달가워하지 않을 것이 뻔했습니다. 마틴은 지금 당장 해답을 원했 으니까요. 통화가 연결되기를 기다리는 몇 분 사이 나는 제대로 맞아 떨어지지 않는 아주 사소한 점이 하나 있음을 깨달았습니다.

그게 무엇일까요?

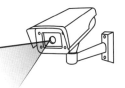

33. 현장 청소

당신은 범죄 현장을 치우는 청소업자입니다—범죄자 쪽에서 일하는
업자이죠.

이 난장판 살인 현장에서 당신이 처분해야 할 살인 흉기를 찾아낼 수
있을까요? 그리고 닦아내야 할 핏자국을 모두 찾아낼 수 있을까요?

살인 흉기는 무엇입니까?

닦아내야 할 핏자국은 몇 개입니까?

그리고 애초에 범죄자들이 이 방에 관심을 둔 이유는 무엇일까요?

34. 진짜? 가짜?

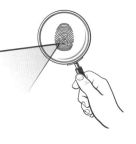

샤토 마고 1787년산 한 병이 경매에 나왔고 20만 달러 넘는 가격에 팔
릴 예정입니다. 하지만 당신은 이것이 위조라는 제보를 받았습니다.
라벨에서 와인 빈티지가 진짜가 아니라는 증거를 찾아낼 수 있을까요?

35. 깨진 코드

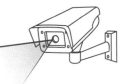

당신은 컴퓨터 천재 동료와 함께 열심히 해킹 소프트웨어 코딩을 하고 있었습니다. 당신은 해킹 코드가 숨겨진 해적판 소프트웨어를 다운로드해서 설치하는 멍청한 사람들의 컴퓨터에 접속해 그들의 재산과 비밀번호, 개인정보를 알아낼 생각입니다. 어떤 자료인지는 다들 아시겠죠.

물론 멀웨어(악성 코드)를 만들 때는 주의해야 합니다. 본인 기기에 퍼져 이제껏 힘들게 만든 작업물을 망치면 안 되니까요.

동료는 컴퓨터에 안전하게 설치되면 소프트웨어의 잠금을 해제할 수 있는 3자리 코드를 만들었습니다. 동료는 당신에게 코드가 포함된 파일을 보냈지만, 열어보니 무슨 에러가 있었던 모양입니다. 화면에 보이는 것이라고는 픽셀화된 그리드뿐이네요.

어떻게 된 걸까요? 실수로 멀웨어를 활성화한 걸까요?

바로 그때 해커 친구가 이렇게 문자를 보냅니다.

> **왼쪽 그리고 오른쪽**

처음에는 별 도움이 안 된다고 생각했지만, 더 자세히 들여다보니 코드 단서일 수도 있음을 깨닫습니다.

이 깨진 그리드가 무엇인지 풀고, 소프트웨어 접근 코드를 알아낼 수 있을까요?

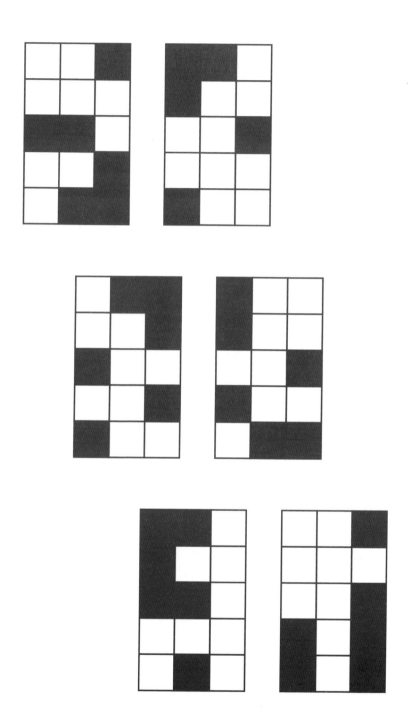

36. 신호 코드

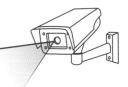

당신은 운 좋게도 현재 활동 중인 가장 뛰어난 사이버 범죄자와 함께 일하게 되었습니다. 많은 것을 배웠고, 이제 그는 당신이 첫 번째 단독 작업을 맡을 준비가 되었다고 생각합니다.

언제 다음 공격을 개시할지 묻자 그는 수수께끼 같은 대답을 합니다. 그는 메시지가 쉽게 유출될 수 있다는 것을 알기에 그럴 가능성을 남겨두지 않습니다.

기술은 분명히 우리에게 주어진 선물이다. 기술을 통해 우리는 나아간다. 우리만 진정으로 이해하는 것은 놀라운 일이다. 하지만 옛날 방식도 쓸모 있다—내가 보낼 다른 통신수단을 주시해라—예상 밖의 상황에 대비해라

너는 뛰어난 발전을 보였다. 하지만 안주하지 마라—그리고 아무도 —나도—믿지 마라—적은 우리만큼이나 빠르게 학습하고 있다— 불행히도

계속 스스로 익혀라—테크놀로지는 우리가 익히는 만큼 빠르게 변화한다—열린 마음은 가장 중요하다—목표에서 눈을 떼지 마라— 배운 것을 전부 기억해라—하지만 들키고 싶지 않다면 아무것도 적지 마라

전문 지식을 알려주는 다른 범죄자들을 조심해라. 눈 깜박할 사이 너를 배신할 자들이다. 그래야 한다면 친구를 가까이 둬라. 하지만

친구를 두지 않는 쪽이 낫다. 훨씬 낫다.

경찰은 우리를 건드릴 생각을 하지 말아야 한다. 자기들도 그게 유리하다는 걸 안다면. 우리는 경찰 네트워크에도—보안 시스템에도—아주 쉽게 접근할 수 있다—최소한 그건 우리에게 유리하다

너만의 본거지는 보안을 확실하게 해라—어디에서 일하는지 아무에게도 말하지 말고—실제 주소와—IP 주소는—꽁꽁 잠가둬라—물론 비유적인 표현이다

마지막으로 부탁할 일은 위험도가 높지만 보상이 크다. 엄중하게 보호되고 있는 시스템을 목표로 하게 될 것이다. 이 편지에는 작업 일자에 대한 모든 정보가 들어 있다—비록 단서를 해독할 정보는 다른 곳을 참고해야겠지만—나는 항상 전통적인 쪽에 더 가까웠지—덕분에 당국은 계속 긴장을 늦추지 않았다

일단 접속하고 나면 평정심을 유지해야 한다는 것을 명심해라. 네 코딩 기술은 누구에게도 뒤지지 않는다. 쓸모 있어 보이는 건 모조리 챙겨라—지불은 작업이 완료된 후에 이루어질 거다—잘 써라—그들은 모스 경감도 아니니 무슨 영문인지 모르겠지

이메일 내용을 보고 정확한 작업 날짜(연월일)를 알아낼 수 있을까요?

업계 최고의 위조범이 19세기 보석의 모조품을 거의 2년간 만들어왔습니다. 꼼꼼함이 그의 신조이지요. 하지만 이 다이아몬드와 루비 목

걸이 복제품은 몇 가지 세세한 핵심을 빼먹었네요. 실수한 부분을 찾을 수 있을까요? 이 목걸이 2개에는 다른 부분이 다섯 군데 있습니다.

38. 드론 정찰

당신은 드론 신기술을 정찰에 사용하려고 합니다.

이 드론은 열화상 이미지를 사용하여 공중에서 내려다보는 시점의 정확한 청사진과 건물 평면도를 만들어낼 수 있습니다. 당신이 오랫동안 추적해온 범죄조직 본부의 도면을 확보하기에 완벽한 도구이죠.

이 조직은 작지만 귀중한 예술품을 훔치는 것으로 유명하며, 도난품은 추적할 수 없도록 아주 나중에 팔아치웁니다.

당신은 그들이 명화 몇 점을 보관하고 있는 곳으로 여겨지는 창고의 위치를 파악했고 창고의 규모를 파악하고자 합니다. 대대적인 급습이 될지도 모르니 충분한 인원을 데려갈 예정입니다.

하지만 드론이 제대로 작동하지 않는 것 같습니다—첫 번째 데이터를 받아보니 평면도 치수가 불완전합니다.

당신은 건물 전체 면적을 알고 싶었지만 전체가 계산되지는 않았습니다. 방이 3개 있고 중간 크기의 방이 정사각형임은 알 수 있습니다.

평면도에 물음표로 표시된 가장 큰 방의 면적을 계산할 수 있겠습니까?

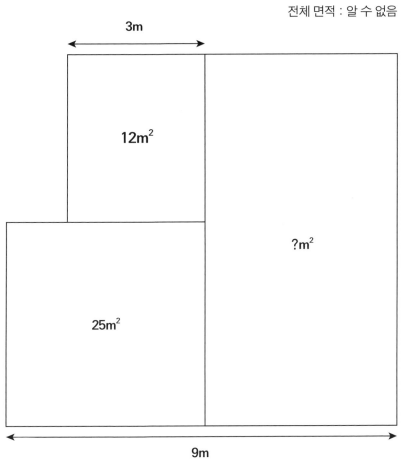

39. 현장에 남긴 증거

당신은 경찰이 된 이후로 레드 로빈이라는 별명의 범죄자를 추적해왔습니다. 그는 이전에도 최소 10년간 붙잡히지 않고 몸을 피해왔습니다. 하지만 최근 느슨해진 그는 부분 지문 5개를 남겼습니다.

보스는 당신에게 문제를 냈습니다. 준비됐나요? 이 5개의 부분 지문을 연결해 하나의 큰 지문을 만들 수 있을까요?

40. 도주용 차량

당신은 은행 강도들이 범행 후 타고 간 도주용 차량에 대한 증언을 은행에서 입수했습니다. 하지만 은행 직원은 겁에 질린 나머지 번호판 전체를 기억하지 못합니다. 직원이 기억한 것은 다음과 같습니다.

RT 5 0 N

부분 번호판을 국내 어딘가에 현재 등록되어 있는 아래의 차량 번호판과 매치시킬 수 있겠습니까?

RT60 CON	RT06 ONN	RT65 CNN
RT55 CON	RT56 OCN	RT60 OCN
RT06 OON	RT05 6CN	RT65 NON
RT65 CON	RT05 CON	RT05 CCN
RT60 5CN	RT50 OCN	RT56 OON
RT55 CCN	RT50 CON	RT65 OCN
RT55 CNN	RT65 C6N	RT05 CNN
RT06 OCN	RT65 NCN	RT60 CCN
RT60 CNN	RT05 CON	RT06 CON

41. 사이버 사기

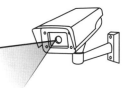

당신은 숙련된 사이버 범죄자이며, 지난 몇 년 동안 혼자 일해왔습니다. 작은 규모의 피싱 범죄라 경찰이 굳이 수사하러 나설 동기가 적으며, 정확히 당신이 어떤 식으로 일하는지 알기 힘듭니다. 표면상으로는 당신이 끼친 손해는 너무 사소해서 조사할 필요 없어 보입니다. 물론 당신에게 평생 모은 돈을 사기당한 사람들의 생각은 다르겠지만요.

당신은 사람들의 비밀번호를 알아낼 새로운 사기 아이디어가 있지만 이번에는 조수가 필요하다고 생각합니다.

실행에 옮기려면 진짜 웹사이트처럼 보이는 그럴싸한 웹 인터페이스를 디자인해야 합니다. 피해자들이 의심하지 않고 자기 정보를 넣도록 말이죠. 그렇게 해서 사람들의 온갖 정보를 모은 다음 그들의 계좌에서 돈을 빼내는 것입니다. 이런 프로젝트를 실행하려면 세밀한 부분에 신경 쓸 사람이 필요합니다. 당신의 가짜 웹사이트를 조금이라도 의심할 여지를 주어서는 안 되니까요. 모든 것이 정상으로 보여야 하고, 당신은 그걸 만들어낼 치밀한 작업자를 원합니다.

동료 사기꾼들에게 연락해서 관심 있는 적당한 사람이 있는지 알아보고 예비 후보자들의 목록을 모았습니다.

당신 이름은 이 업계에서 상당히 알려져 존경받고 있기에, 목록에 있는 사람들에게 당신이 자기소개를 하자 프로젝트에 대해 더 알고 싶어 합니다.

당신은 각 후보자에게 최근 수행했던 작업과 이제까지 해본 인상적인 프로젝트에 대해 짧은 메시지를 보내달라고 했습니다.

DaLLaS21의 메시지 :

제 최고의 사기는 상상을 뛰어넘습니다. 상당히 까다롭게 목표물을 고르고, 소셜미디어에서 그들을 팔로잉한 다음 모두 제가 계획한 다단계 사기에 끌어들였습니다.

전부 흠잡을 데 없어 보였습니다. 소셜미디어가 막 뜨기 시작한 10년 전 이야기지요. 저는 거기에 하이라이츠라는 이름을 붙였습니다. 온갖 유명인들이 가입하고 성공한 기업인이나 사업가가 된 것처럼 들떴습니다. 처음에는 그들에게 소액만 걷어서 아무도 알아채지 못하도록 분산했습니다. 하지만 본인들은 성장하는 사업의 일원이라고 말하고 다녔죠.

저는 이미 다른 사람들과 일한 경험이 있습니다. 초창기부터 오리지널 플랫폼 디자인을 도울 사람을 고용했습니다. 웹사이트 디자이너인 그녀의 작업이 마음에 들어서요.

더 많은 사람들을 하이라이츠로 끌어들일 용도로 만든 다수의 가짜 관련 사이트 디자인도 그녀가 도왔습니다. 그녀는 저와 3년 정도 함께 일했습니다. 다만 그녀가 떠난 직후 경찰이 사이트를 폐쇄했습니다. 그냥 우연의 일치라고 생각하고 싶긴 하지만요.

저는 잠시 일을 쉬었습니다. 이미 한 재산 벌었고 당장 새로운 것을 내놓을 필요는 없었거든요. 그래서 몇 년—정확히 4년—을 쉬면서 세계 여행을 했습니다.

그 이후로는 웜홀을 만든 젊은 친구와 일하고 있습니다. 아주 똑똑한 친구입니다. 꽤 근사한 일을 같이 시작하려던 참이에요. 우리 기술을 합친 거라고 할 수 있겠죠. 하지만 당신이 특별한 걸 계획 중이라면 당장 내던질 겁니다.

당신은 그의 경력에 감탄합니다. 하이라이츠는 다들 들어봤으니까요. 그러므로 이 후보자는 염두에 두기로 합니다. 다음 지원자는 들어본 적 없는 사람이지만, 이력서에 아주 흥미로운 작업이 몇 개 있었습니다.

HintHint404의 메시지 :

저는 경비원으로 일을 시작했습니다. 흥미진진한 것은 전혀 없고, 주로 감시 카메라만 봤죠. 그것들이 어우러져 어떻게 시스템으로 기능하는지 깨우칠 때까지는요.

그다음에는 어떻게 조작하는지를 익혔습니다. 일하던 건물 몇 군데에서 장난질을 좀 쳐봤죠. 자동문, 금고, 뭐 그런 걸 열어보고…… 1년쯤 각종 시스템에 어떻게 침투하는지, 그다음에는 집에서 하는 방법을 익혔습니다. 원격으로 작업할 수 있다는 걸 증명하고 나서, 꽤 악명 높은 갱단의 기술 담당으로 일했습니다. 한 4년 전쯤 시작했고, 제 입장에서는 상당히 위험이 낮은 일이었죠. 그들이 목표물을 알려주면—보통 은행이나 경매장인데—저는 원격으로 보안을 무력화하고, 그들이 원하는 걸 챙기게 하는 겁니다.

1년 6개월쯤 전에 그 일은 그만뒀어요. 그쪽에서 잘해주긴 했는데, 전략을 바꿔 사이버 범죄 쪽으로 진출하는 바람에 현장에서 진짜 한탕 터는 쪽의 도움은 더 이상 필요 없게 되었거든요.

6개월을 쉬었죠. 한동안 몸을 낮추는 게 현명하니까요. 그다음 GamerGirl과 작은 시스템을 만들어 우리끼리 가짜 사이버 보안 회사를 차렸습니다.

그게 1년 되었네요. GamerGirl은 하이라이츠를 세운 사람과 일한 적이 있습니다. 그녀는 제가 갱단과 일하기 2년 전에 먼저 시작했으니까, 경력이 더 길고 연줄도 있죠.

현재는 제가 시스템을 뚫고 그녀는 우리 보안 서비스를 진짜처럼 보이게 만드는 일을 하는데, 실력이 아주 좋습니다.

그녀가 얼마나 의리 있는지는 모르겠군요. 하이라이츠를 떠난 후 그녀가 다른 라이벌 회사를 세운 것은 알아요. 하지만 우리는 지금 큰돈을 벌고 있습니다. 얼마나 생각하십니까?

지하 세계에서는 누구나 아는 사이인가 보군요. 다음은 GamerGirl이 지원했습니다.

GamerGirl의 메시지 :

저는 오랫동안 웹사이트 디자이너로 일했습니다. 공정하고 깨끗하게. 돈도 상당히 잘 벌었지만 그냥 성취감이 충분하지 않더라고요. 하이라이츠를 세운 사람이 연락해왔는데, 딱 봐도 다단계 사기 같았지만 저한테는 돈을 요구하지 않았고 수익을 떼어주겠다고 약속해서, 인터페이스를 디자인해주고 한 재산 벌었죠. 그는 6년 전쯤 시작했고, 저는 3년쯤 있다가 나왔어요. 경찰이 사이트를 폐쇄하기 직전에.

그만두자마자 웜홀을 만든 애가 연락했더군요. 같이 일하기 시작했고, 그를 도와 구독자들에게 돈을 가로채고 하이라이츠에서 했듯이 그 거래를 감췄죠. 하지만 1년 후 그가 웜홀을 닫으면서 전부 끝났어요.

그다음 하이라이츠의 라이벌쯤 되는 사기 계획을 세웠어요. 경찰 추적은 끊겼고 이전 회원들 중 잘 속아 넘어가는 사람들을 끌어모아 눈부신 새 웹사이트에서 각자 결제를 하게 만들었죠.

한 1년쯤 유지했지만 그렇게 만족스럽지 않아서, 작년 한 해는 건물 보안 경력자와 함께 일했어요. 정식 사이버 보안 업체처럼 보이게 만들어서 기업 네트워크를 '랜섬웨어 해킹'으로부터 구출한 후 등장하는 거죠. 애초에 우리가 해킹한 것을 그쪽은 까맣게 모르는 채.

저는 정식 업체처럼 보이는 웹사이트를 만들어 브랜딩하고 그들이 가입하게 했어요. 그러니까 불법적으로 일부 돈을 빼앗아 겁먹게 한 다음 원격으로 금고를 열어 우리가 빼앗은 민감한 정보를 공개해요. 그다음 우리의 '사이버 보안' 업체에 돈을 지불하고 보호를 요청하게 만드는 거죠.

그 사람은 HintHint404라는 이름으로 통했어요. 요청하면 제 경력을 확인해줄 거예요. 말했다시피 1년 동안 이 일을 해왔고 상당히 잘되고 있어요. 하지만 당신 이야기에 관심이 갑니다. 혹시 더 흥미진진한 일이 기다리고 있다면요.

그녀의 이력은 확실히 흥미롭군요. 마지막 후보는 평판만으로도 그 이상 소개할 필요 없습니다.

TOBI45의 메시지 :

저는 비디오게임으로 시작했습니다. 뛰어난 게이머였고 그냥 재미 삼아 게임 몇 개를 디자인해보기로 했죠. 소규모로 몇 개 만들고 나서 열다섯 살 때―6년 전이네요―웜홀을 만들었고, 지금까지는 그것이 최고의 성공 사례입니다.

제가 전부 다 디자인했어요. 그래픽과 이야기까지. 처음에는 겨우 4단계뿐이었지만 아무도 몰랐죠. 제가 모두의 진급을 막고 그사이 다음 레벨을 만들었거든요.

결국에는 사람들이 도움을 얻기 위해 가입하게 만들었습니다. 제가 마지막 6단계에 버그를 만들어놔서 큰돈을 내고 '힌트'를 얻기 전까지는 통과할 수 없다는 걸 그들은 몰랐거든요. 물론 가짜이고, 그냥 실시간으로 레벨을 잠금 해제한 것뿐입니다.

아마 그 게임을 아실 텐데, 엄청나게 성공한 데다 제 실명으로 되어 있어서 진짜 큰돈을 만지려면 지하로 숨어야 했죠.

웜홀을 시작하고 4년 만에 포기했지만 그 귀한 결제 정보는 챙겼습니다. 돌아가며 계좌에 가끔씩 손을 댔죠. 아무도 크게 의심하지 않았어요.

사실 웜홀 마지막 해에는 도울 사람을 구했어요—그녀는 온라인에서 정체를 속이는 데 능숙하고 우리 청구금을 합법적으로 보이게 만들었죠. 그래서 점점 더 많은 금액을 끌어모은 다음 마지막에 전부 닫았습니다. 대단한 실력이었어요. GamerGirl이라는 이름을 썼고요.

웜홀을 닫은 후로 하이라이츠를 만든 사람과 일했어요. 우리 둘 다 이전 사기를 비슷한 시기에 시작했고, 다시 할 준비가 되어 있었죠. 사실 꽤 특별한 일을 시작하려던 참이긴 했지만, 당신 제안에 관심이 생겨서요. 우리가 잘해 나갈 거 같은데요.

이쪽 일에서는 누굴 믿어야 할지 알기가 쉽지만은 않습니다. 그리고 진실을 조금씩 속이는 사람들이 항상 있고요.

당연히 정직하지 않은 사람은 채용하지 않을 것이고, 동료 후보자들의 발언에서 모순을 알아챘습니다.

다른 사람들의 말과 대조해보면 해커 중 한 명이 엄청나게 과장하는 듯합니다. 그게 누구일까요?

42. 돈, 돈, 돈

다수의 훌륭한 고대 주화가 감정을 위해 막 런던 일류 경매장에 입고
되었습니다. 그런데 전문가가 그 주화 중 하나가 위조라고 하면서 당
신이 개입하게 되었습니다.

이전의 주화 발견을 기반으로 각 주화에 해당되는 분류가 옆에 나와
있습니다. 하지만 주화 중 하나에 역사적 오류가 있습니다. 어떤 주화
인가요?

**그리스 금화
기원전 350~300년**

중세 헨리 6세

로마 하드리아누스

그리스
기원전 479~336년

그리스 아테네
약 기원전 460년

43. 수수께끼의 제보

당신은 사이버 범죄자를 수사하고 있으며 범인이 암호화폐를 이용해 온라인상에서 돈세탁을 하고 있다고 확신합니다.

지금까지 용의자와 관련된 계좌 3개를 찾아냈는데, 범인이 불법 자금을 그 계좌 중 하나로 옮기고 있다고 합니다.

더 위험한 온라인 감시로 들어가기 전에 먼저 어느 계좌에 돈이 얼마나 들어 있는지 알아내야 합니다.

어느 날 당신은 익명의 이메일 제보를 받습니다.

> 당신이 수사하는 자에게는 계좌가 3개 있고,
> 나는 어느 계좌에 불법 자금이 들어 있는지 압니다.
> 각 계좌마다 수백만 달러씩 들어 있습니다.
> 3개 계좌에 들어 있는 금액의 백만 단위 숫자를 곱하면 36입니다.
> 3개 계좌의 금액을 모두 합하면 X백만으로 X는 오늘 날짜와 같습니다.

당신은 어떤 경우의 수가 있을까 생각하지만, 상대가 문제 풀이에 충분한 정보를 주지 않았습니다. 당신은 다음 답장을 보냅니다.

이걸로는 풀 수 없어요. 정보가 더 필요합니다.

잠시 후 정보원이 새 이메일을 보냅니다.

불법 자금은 잔고가 가장 큰 계좌에 있습니다.

이제 당신은 해답을 알아내는 데 필요한 모든 정보를 얻었습니다.
계좌에는 암호화폐로 세탁한 돈이 얼마나 있을까요?
그리고 오늘 날짜는 며칠일까요?

44. 보안 카메라를 막아라

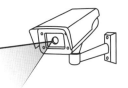

당신은 박물관에서 귀한 예술품을 훔쳐내는 계획에 관여하게 되었습니다. 그러나 이 일을 해내려면 CCTV 시스템을 비활성화해야 합니다. 보안 관리실에 침입하는 데 성공했으나 카메라 관리 모드에 접속하려면 숫자 비밀번호를 입력해야 합니다. 당신이 찾을 수 있는 유일한 단서는 암호 메시지로 메모판에 꽂혀 있었습니다.

42 - 19 - 23 - 7 - 9
31 - 45 - 2 - 18 - 4
62 - 4 - 17 - 10 - 7
28 - 40 - 9 - 8 - 15
19 - 53 - 3 - 7 - 23

비밀번호는 이 중 따로 노는 것─
합이 같지 않은 것!

누군가에게 들키기 전에 다섯 줄 중에 어느 것이 비밀번호인지 알아낼 수 있을까요?

45. 정체를 숨겨라

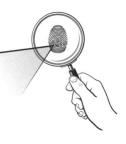

마약 카르텔이 이번 주말 500만 달러어치의 A급 마약을 들여올 계획입니다. 당신의 팀은 침입할 완벽한 기회를 노리고 있었고 방금 그 기회가 주어졌습니다. 그들의 배달 운전사가 갑자기 사망한 것입니다. 당신은 바로 그들의 운전사로 뽑혔습니다. 하지만 신뢰를 얻으려면 과거 배경을 잘 기억하는 것이 필수입니다.

아래 내용을 2분간 읽고 기억했다가 몇 가지 질문에 답할 수 있는지 알아보세요. 명심하세요. 잘못 기억하면 목숨이 날아갑니다.

- 당신 이름은 아서 가브리엘 바텔리입니다.
- 아버지는 이탈리아인, 어머니는 스코틀랜드인입니다.
- 영국 리버풀에서 자랐으나 11세 때 미국 댈러스로 이사했습니다.
- 당신은 24세 때 바이크를 훔쳤다가 교도소에 갔습니다.
- 교도소에서 처음 마약 카르텔 갱단 리더 해리 브라운을 만났습니다.
- 당신의 마약 배달 수수료는 7,500달러입니다.
- 당신은 마약을 수령할 때 금액의 3분의 1을, 나머지는 배달할 때 받게 됩니다.

먼저 앞 페이지의 정보를 읽고 아래 질문에 답하세요.

당신은 차에 탑니다. 그리고 갱단 조직원이 차에 동승하는 바람에 놀랍니다. 조직원은 당신에게 여러 가지 질문을 할 것이고, 이제 당신은 자신의 위장 신분을 기억해내야 합니다. 첩자임을 들키지 않게 잘 기억해낼 수 있을까요?

1. 당신의 성은?

2. 카르텔 보스의 이름은?

3. 어머니의 출신 국가는?

4. 바이크를 훔쳐 교도소에 들어갔을 때의 나이는?

5. 물건을 수령한 후 처음 받는 금액은 얼마?

6. 처음 자란 곳은 어디?

46. 삼형제의 진실

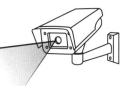

당신은 악명 높은 범죄조직의 신입이며, 이 조직을 이끄는 삼형제는 같이 일하는 사람들을 대하는 방식이 서로 완전히 다르다는 소문입니다. 형제 중 한 명은 항상 진실을 말하며, 다른 한 명은 항상 거짓말만 하고, 나머지 한 명은 이도 저도 아닙니다 ― 가끔 거짓말을 하지만 때로는 정직합니다.

당신은 삼형제와 나눈 대화를 메모해두었습니다. 조직원으로서 훌륭한 출발을 위해, 누가 진실을 말하고 누가 거짓말을 하는지 알아낼 수 있을까요?

마르코
"알레산드로가 이도 저도 아니지. 정말 무슨 생각을 하는지 모르겠다니까. 가끔은 거짓말을 하는데 가끔은 아니야."

알레산드로
"마테오가 거짓말을 하는지 진실을 말하는지 아무도 몰라. 둘 다 하니까. 사실 꽤 영리한 방법이지. 다들 긴장하게 만드니까."

마테오
"알레산드로는 자기에게 유리하면 가끔 진실을 말하지만 거짓말도 하니 속아 넘어가지는 마."

47. 가지 않은 길

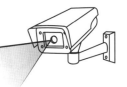

은행 강도 건이 방금 실패했고, 당신은 은신처로 돌아가야 합니다. 지금 당장!

경찰이 당신을 뒤쫓고 있으며 분명 지역 내 모든 주요 도로를 감시하고 있을 것입니다. 영리하게 행동해야 합니다.

은신처로 돌아가는 완벽한 도주 경로를 찾을 수 있을까요?

당신이 지켜야 할 점은 다음과 같습니다.

- 대로는 전부 피합니다. 지도상의 넓은 도로 말입니다.
- 정확히 말하면 당신은 대로를 건널 수 있습니다. 똑바로 가로지르기만 한다면요(속도를 높여서 지나가세요). 대로를 따라서는 절대 갈 수 없고, 대로를 비스듬히 가로질러 건너는 것도 안 됩니다.
- 목적지에 도달할 수 있다면 경로는 얼마나 길든 상관없습니다.

지도상에 도주 경로를 그릴 수 있을까요?

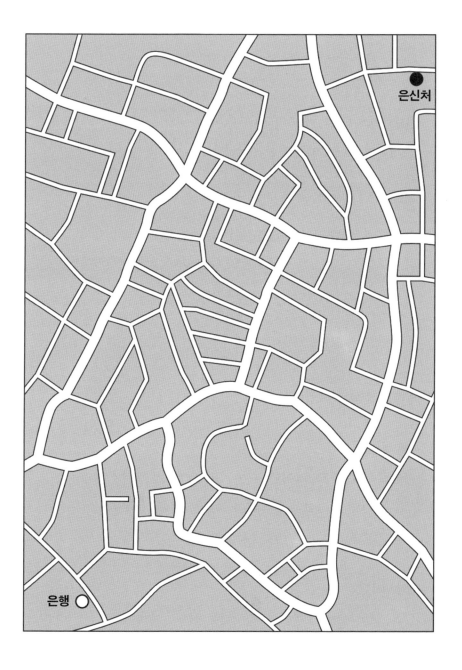

은신처

은행

48. 탈옥 계획

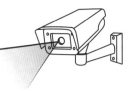

당신은 교도소에서 복역 중이지만, 다행히 탈옥 계획을 도와줄 3명의 친구가 있습니다. 그들은 당신이 밀반입한 전화로 메시지를 보내는데, 당신은 이 전화를 아주 가끔만 확인할 수 있으며 메시지를 보낼 수는 없습니다.

불행히도 그들은 소통을 잘하지 못하며 당신이 받은 탈옥 계획 정보는 약간 불분명합니다. 그들의 메시지는 다음과 같습니다.

이 메시지를 통해 어떤 계획인지 알아내고, 때가 되면 준비하세요.

- 탈출 시간은 언제일까요?
- 정확한 탈출 날짜는 언제일까요?
- 3개의 문 중 어떤 문을 이용할까요?
- 도주 차량은 누가 운전하나요?

A의 메시지

이번 주 오후일 거야.(이번 주는 6월 4일 월요일부터 시작)

내가 면회 중에 소란을 일으킬게—그 틈을 타서 도망쳐.

나는 운전 안 해.

B의 메시지

정문 아니면 후문(옆문은 아님)—어느 쪽일지 모름.

주말에는 시간이 안 나서 그땐 안 돼—다른 사람들에겐 말했어.
C가 원격으로 문을 열 텐데 의심을 사지 않기 위해 C는 그 후 안에
머물러 있어야 해.

C의 메시지

배지를 구했어. 들어왔어! 나는 교도관으로 변장했고 필립스라는
가명을 쓰고 있어.
정문은 면회 중에는 감시가 2배야—거기로는 못 나가.
이번 주 면회 시간 : 수 오전 10~11시, 금 오후 3~4시, 일 오후 2~3시

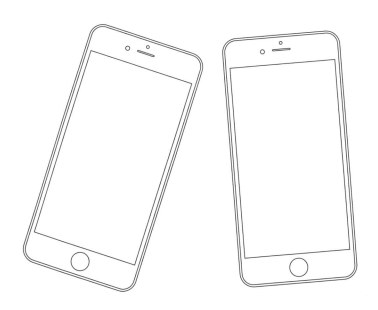

49. 다이아몬드는 어디에?

가끔은 옛날 방식이 최고죠. 당신은 보석 절도를 전문으로 하는 갱단 내부에 잠입 중인 부하에게 제보를 받았습니다. 그들은 불법적으로 취득한 모든 물품을 숨긴 장소에서 전파 통신을 모두 중단하고 옛날식으로 종이에 적어 전달하기로 했다는 것입니다.

부하는 갱단 조직원 용의자에게 서류 가방을 압수한 후, 최근 런던 보석상에서 도둑맞은 다이아몬드 원석 주머니를 감춘 장소가 적혀 있다고 여겨지는 서류를 손에 넣었습니다.

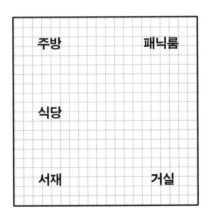

서류는 간단한 평면도로 보이지만 결정적인 정보가 빠져 있습니다 — 벽이 어디 있는지, 다이아몬드 위치는 어디인지? 어쩌면 갱단 조직원이 소유한 곳일까요?

서류 가방을 뒤져보니 이상한 서류가 또 나왔습니다.

어떤 방에 다이아몬드가 숨겨져 있을까요?

평면도

- 주어진 단서 숫자에 따라 네모 칸을 칠해보세요.
- 단서 옆 또는 위에 있는 숫자는 각 가로줄 또는 세로줄에 연속으로 색칠한 칸의 개수입니다.
- 같은 가로줄 또는 세로줄의 연속으로 색칠한 칸 사이에는 최소한 빈칸이 하나 이상 있어야 합니다.
- 풀어서 평면도와 겹쳐보세요.

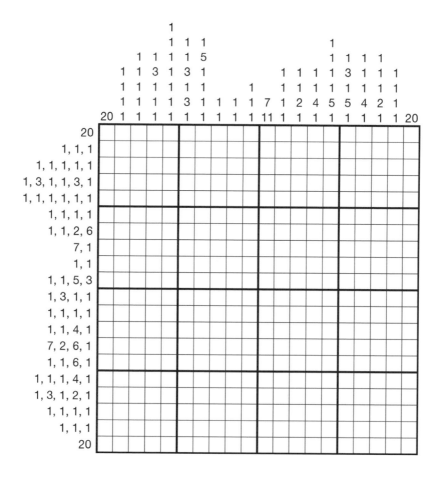

50. 한붓그리기

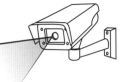

당신은 범죄업계에 자신만의 새로운 분야를 만들어 컴퓨터 게임에 대한 전문적인 지식을 가지고 돈세탁을 하고 있습니다. 당신은 최신 정보를 전해주는 다른 게이머들과 훌륭한 인맥을 쌓았고, 항상 게임업계의 큰 진보를 살피고 있습니다.

어느 날 당신은 온라인상에서 다른 게이머가 한붓그리기에 기반해 개발한 신규 게임에 대해 이야기하는 것을 듣고 호기심을 느낍니다. 게임을 다운로드해서 열어보니 화면에 메시지가 뜹니다.

게임 규칙

- 네모 칸을 색칠해 각각 지정된 네모 칸에서 출발하고 끝나는 선 하나를 만듭니다.
- 선은 인접한 사각형을 이어가며 떨어지거나 서로 교차되지 않습니다.
- 선은 뒤로 구부러지거나 맞닿지 않습니다.
- 대각선으로도 불가, 코너를 돌 때만 예외.
- 표 밖의 숫자는 가로줄 또는 세로줄 안의 선에 포함되는 네모 칸 수를 표시합니다.

받아들이시겠습니까?

당신은 이 신규 게임을 어떻게 하는지 궁금해서 '예'를 선택합니다. 화면에 선의 경로를 그릴 표가 떠오르고 표 안에도 숫자가 있습니다.

시작하기 전에 또 다른 문구가 화면에 떠오릅니다.

	6	5	2	3	5	3	3	5
5		1		2		3		4
2	5		6		7		8	
6		9		1		2		Ⓗ
1	3		4		5		6	
6		7		8		9		1
4	2		3		4		5	
5		6		7		8		9
3	1		2		3	Ⓣ	4	

비밀번호를 입력하세요 — 아니면 계좌 전액이 출금됩니다.

카운트다운이 시작됩니다 — 갑자기 전혀 게임 같지 않습니다. 적수를 만난 것일까요?

정체불명의 프로그래머가 당신의 계좌를 싹 비우기 전에 비밀번호를 입력하여 게임을 멈춰야 합니다.

선이 완성되면 표 안의 숫자 여러 개를 지나게 됩니다. 그 숫자들을 머리(H)부터 꼬리(T) 순서대로 읽으면 비밀번호가 나옵니다.

51. 동물 옮기기

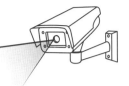

멸종위기종은 암시장에서 큰돈이 될 수 있습니다.

당신은 근처 동물보호구역을 눈여겨보면서 신중하게 계획을 세우고 침입했습니다.

살쾡이와 여우원숭이를 생포하고, 여우원숭이 사료 한 자루를 챙겼습니다.

하지만 멋진 2인승 스포츠카로 돌아와 보니 미처 생각하지 못한 부분이 있었습니다. 차의 조수석에는 셋—동물 두 마리와 대형 사료 한 자루—중 하나만 실을 수 있습니다.

다행히 거리가 멀지 않아서 여러 번 왕복하기로 결심합니다. 우선 동물보호구역 바로 밖에 있는 안 쓰는 창고를 이용하기로 합니다. 당신이 운전해서 다녀올 동안 동물들과 사료를 눈에 띄지 않게 잠시 창고 안에 놓아두려고 합니다.

문제는 동물들끼리만 두면 살쾡이가 여우원숭이를 공격할 수 있고, 여우원숭이와 사료만 두면 아마 사료 자루를 뜯어버릴 것입니다. 창고에 두든 사람이 없는 당신 본부에 두든 마찬가지입니다.

어떻게 하면 동물과 사료 자루 모두 상하지 않고 무사히 본부로 옮길 수 있을까요? 한 번에 하나씩만 옮길 수 있다는 것을 명심하세요.

52. 비밀번호의 단서

당신은 실력이 뛰어난 영국 코딩 전문가의 자택을 수색했습니다. 그는 최근 경찰을 표적으로 삼은 일련의 해킹 사건에 연루되었습니다. 컴퓨터는 (물론) 비밀번호가 걸려 있었고 예상한 숫자는 모두 맞지 않았습니다. 과연 풀 수 있을까 좌절하고 있을 때 서랍에서 이상한 쪽지를 발견합니다. 비밀번호의 단서일지도 모릅니다.

- 시작 : P(누르기)
- 왼쪽 : 1(누르기)
- 왼쪽 : 5(누르기)
- 오른쪽 : 1(누르기)
- 왼쪽 : 4, 아래 : 1(누르기)
- 오른쪽 : 8(누르기-끝)

힌트 : 손에 닿는 키

쪽지의 내용을 이해하고 비밀번호를 알아낼 수 있을까요?

53. 보석을 찾아라

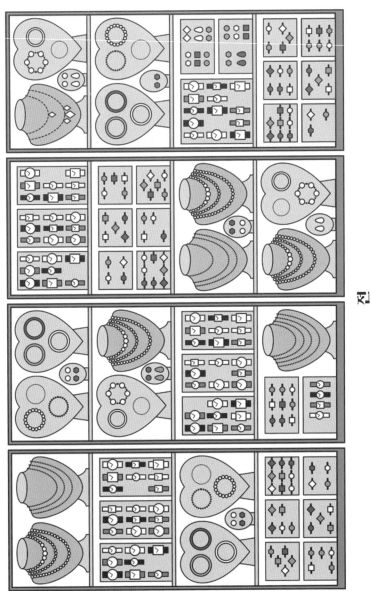

정답

104

유명 보석상에 도둑이 들어 귀중한 보석 10점을 훔쳐갔습니다. 현장에 도착한 당신은 사건 전후 사진을 비교해달라는 요청을 받았습니다. 사라진 물품을 전부 확인할 수 있을까요?

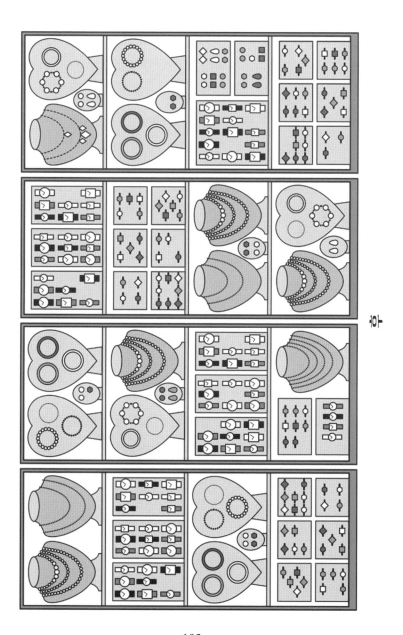

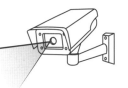

54. 조직의 배신자

당신은 몇 년 동안 악명 높은 범죄조직의 보스를 맡아왔으며, 그 기간 동안 조직원들 몇몇은 좋은 이유로, 그리고 몇몇은 나쁜 이유로 들어오고 떠났습니다. 당신이 새로운 사람을 신뢰하기까지는 오랜 시간이 걸립니다. 조직원들은 충성심이 있고 똑똑하며, 당신에게 거짓말하지 않는다는 것을 증명해야 합니다.

지난 한 해 동안 믿을 만한 신입 4명을 들였습니다. 적어도 지금까지는. 당신은 그중 한 명이 사실은 잠복근무 중인 요원이라는 직감이 들었습니다. 당신의 직감은 대체로 적중하는 편입니다.

혹시 배신의 대가를 보여주기도 전에 첩자가 눈치채고 도망칠까 봐, 당신은 4명의 신입이 놀라지 않게 하려고 합니다.

당신은 신입을 한 명씩 불러 잡담을 나누면서 주말을 어떻게 보냈는지 물어보기로 합니다. 넷 중에 가장 어린 멜부터 시작합니다.

"잘 지냈어요. 금요일 밤은 정말 조용히 보냈죠. 새미랑 카드 게임을 하고 나서 피자를 들고 아파트로 돌아갔어요. 탈탈 털렸죠. 새미는 진짜 카드 고수라 제 현금을 몽땅 쓸어갔어요. 피자 가게 주인이 친구라서 다행이죠?

토요일 아침엔 아파트 뒤쪽 창문 청소를 했어요. 이웃들이 한마디씩 하는데 누가 제 얘기를 하는 것도 싫고 괜히 우리 집에 관심을 갖고 창을 들여다보는 것도 싫어서요. 그다음 세차를 했는데 완전 시간 낭비

였어요, 오후에 비가 내리는 바람에 말짱 헛수고가 되었거든요.

오후에 새미를 기차역에 바래다줬어요. 새미가 운전 연수를 받으면 좋겠어요. 부탁을 들어주기도 이젠 질렸거든요. 하지만 가족을 만나러 가야 하니까. 나중에는 새미를 집까지 데려다주기도 했어요. 자정 지나서 사실 앤더스와 다른 한 사람이 탄 차를 지나치기도 했네요. 옆 차선에서 신호에 걸려 서 있었는데, 인사는 안 하더라고요. 웃겨!

일요일 아침에는 어머니 집에 갔다가 6시 지나서 나왔어요. 어머니는 음식을 만들어서 먹이는 것을 좋아하세요. 저는 오후에 정원에 앉아 있느라 피부가 꽤 탔네요. 그리고 저녁에는 비디오게임을 조금 했어요. 어떠셨어요, 즐거운 주말 보내셨나요?"

당신은 주말을 잘 보냈다고 대답하고, 조직원 중 누가 배신자로 밝혀질지 궁리하며 보냈다는 내색은 드러내지 않습니다.

다음은 플린입니다. 금요일 밤 당신과 함께 있었으니 최소한 그때는 뭘 했는지 이미 알고 있습니다.

"금요일 밤은 같이 있었잖아요. 아마 우리가 자리를 파한 후 밤 1시쯤 들어갔나 봅니다. 토요일 오전은 엄청 지루했어요. 어머니가 보내주신 물건을 받아오느라 우체국에서 1시간 정도 기다렸어요. 국제우편은 최악이죠. 가야 할 곳도 많은데 말이에요. 특히 축구 경기요. 후반전 중간쯤 비가 내리기 전까지는 좋았어요.

토요일 밤은 먹을 걸 사러 나갔다가 앤더스가 모르는 남자와 같이 영화관에서 나오는 걸 봤어요. 그런데 알고 보니 동생이랍니다. 둘이 술한잔하자고 해서 앤더스가 저를 그 낡아빠진 차로 집까지 태워줬습니다. 정말 그 차 관리 좀 해야 해요. 집에 오니 밤 11시쯤 되었더군요.
일요일 아침에는 늦잠을 잤어요. 정오 직전까지. 그다음 곧장 공원에 조깅하러 나갔죠. 거기서 하와이안 셔츠 차림의 새미를 봤습니다. 너무 눈에 띄던데요. 새미는 저를 알아보지 못한 것 같더라고요. 운동복에 선글라스 차림이라. 작은 공원이고, 세상 참 좁죠. 그다음 집에 와서 샤워하고, 라자냐를 만들어 먹고, 자전거를 고쳤습니다. 꽤 괜찮은 주말이었죠."

다음은 새미입니다. 그와 멜은 같은 시기에 조직에 들어왔습니다.

"토요일 아침 절반은 은행과 통화하느라 날렸습니다. 카드를 잃어버려서 직접 은행에 가지는 못하고 해당 계좌를 비워야 했거든요. 다행히 금요일 밤 포커 게임에서 멜을 탈탈 턴 덕분에 주말을 넘길 돈은 있었죠.
토요일 오후에는 기차를 타고 서쪽 지역으로 가서 가족을 만나고 자정쯤 막차로 돌아왔습니다. 멜이 마중 나와 다시 집까지 태워다줬어요. 은인이에요.
일요일 아침은 편안하고 느긋했어요. 일찍 여는 빵 가게에 가서 아침에 먹을 페이스트리를 몇 개 사고, 햇빛 잘 드는 집 발코니에 앉아 세상 구경을 했죠. 날 좋은 김에 즐겨야겠다 싶어 반바지와 셔츠로 갈아입고 정오 직전에 공원에 갔어요. 거기서 플린을 봤어요. 조깅 복장을 완전히 갖췄더군요. 헤드밴드와 선글라스까지 전부 다. 우스꽝스러워 보이긴 했지만 착한 친구죠.
밀크셰이크를 사서 집으로 돌아가 저녁에는 침대에 누워 영화 한 편 봤어요. 정신없는 주말이었죠? 금요일 밤 이후 잘 지내셨어요? 계획대로?"

당신은 속내를 드러내지 않고 금요일 밤에 잘 지냈다고 말합니다. 실제로 그랬고요.

마지막으로 4명 중 당신 밑에서 가장 오래 있었던 앤더스에게 물어봅니다.

"별거 없었어요. 딱히 말씀드릴 게 없네요. 새미와 멜이 금요일 밤 같이 포커 게임 하겠냐고 물었는데 저는 사양했어요. 데이트를 하기로 했는데 그걸 놓칠 수는 없죠.

토요일 아침에는 부두를 따라 한참 뛰고 들어왔죠. 건강을 유지해야 하니까. 그다음 오후에는 차를 수리 센터에 갖다주고. 저한테 신세 진 게 있어서 공짜로 봐주기로 했어요. 요즘 몇 군데 긁었는데, 눈에 띄지 않게 유지해야 하니까요.

토요일 밤에는 동생하고 영화 보러 나갔다가 끝나고 술 몇 잔 했어요. 플린도 같이 갔고요. 영화관에서 나오다가 우연히 만났죠. 하지만 꽤 일찍 자리를 파하고 자정쯤에 잤습니다.

일요일 아침에는 수리 센터에서 차를 찾아왔어요. 아주 새 차처럼 보이더라고요. 차를 몰고 공원에 갔죠. 바람 좀 쐬고 머리도 식힐 겸. 정오 막 지나서 비가 내리기에 돌아왔습니다. 집에 와서 빨래 좀 해서 널고, 스파게티 먹고, 할머니한테 전화드렸죠. 별거 없었네요. 금요일 밤엔 별일 없으셨어요?"

당신은 이번에도 속내를 드러내지 않고 금요일 저녁에 잘 지냈다고 답한 다음 사무실로 돌아갑니다.

누군가 거짓말하고 있습니다. 누구일까요?

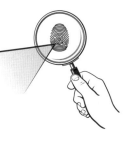

55. 저택 방문

한동안 행방을 알 수 없었던 전문 해커가 보안 시스템을 무력화하는 방식으로 부유한 유명인들의 저택을 털고 다닙니다. 그녀는 몇 건의 절도에 성공했지만, 최근에는 대담해진 나머지 다음 희생자가 누구일지 알리는 단서를 남기며 조롱하기 시작합니다.

그녀는 당신에게 이번 주 내내 매일 문자를 보냈는데, 목표물에 대해 사전 조사를 꽤 많이 한 것이 분명합니다. 당신은 해커가 보낸 정보를 통해

오늘 목표를 알아내서 수갑을 들고 그녀를 맞이할 수 있기를 바랍니다.
지금까지 해커가 보낸 정보입니다.

방금 다른 문자가 도착했습니다.

• 오늘은 수영장 있는 곳으로 갈까 생각 중!

행동에 나설 때입니다. 도둑이 노리는 목표물의 직업은 무엇이고, 어디에 살고 있으며, 어떤 종류의 주택일까요?

56. 눈에 띄는 차이

당신의 능력을 검증하기 위해 진짜 지폐 사이에서 위조지폐 하나를 골라내라는 요청을 받았습니다. 관찰력을 발휘해 오른쪽 페이지의 지폐 6장 중에 위조지폐를 찾을 수 있을까요?

이번 퍼즐은 사전 지식이 필요없습니다. 세밀한 부분을 꼼꼼히 살펴보세요.

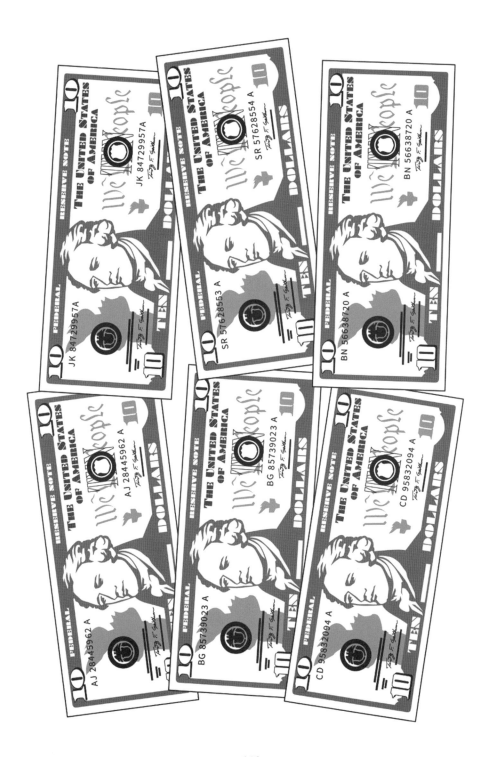

57. 대탈출

당신은 마약 카르텔에 잠입하여 수사하는 중입니다. 그런데 핵심 집단에 거의 들어갔을 때 정체가 탄로 나고 말았습니다. 인질로 잡힌 당신은 고위 간부들이 당신의 처분을 결정할 때까지 기다리는 신세가 되었습니다. 무슨 일이 벌어질지 두렵습니다.

타이밍만 잘 맞추면 도망칠 수 있겠다는 생각이 듭니다. 6명의 경비원이 교대로 당신을 감시하고 있지만, 모두 근무 시간이 끝나갈 무렵에는 집중력을 잃는 편입니다.

경비원의 근무 일정에서 다음번 전원 동시에 교대할 때를 알아내야 합니다. 그때가 당신이 탈출할 최상의 타이밍이니까요.

항상 3가지 유형의 경비원이 당신을 감시하고 있습니다. 첫 번째 유형은 2시간마다 근무 교대합니다. 두 번째 유형은 3시간마다 근무 교대합니다. 그리고 세 번째 유형은 3시간 30분마다 근무 교대합니다.

각 유형마다 한 명씩, 3명의 경비원이 방금 막 근무를 함께 시작했습니다. 그러면 다음번에 3명이 동시에 교대할 때 탈출을 노려보려고 합니다.

경비원들의 근무 일정을 고려하면 몇 시간 후에 탈출할 수 있을까요? 지금부터 당신이 탈출을 시도할 때까지 각 유형의 경비원이 각각 몇 번씩 교대하게 될까요(마지막 교대 포함)?

58. 피싱 사기

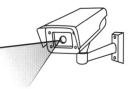

당신과 친구는 일련의 피싱 사기를 계획 중이며, 목표로 삼을 사람들의 목록을 모았습니다. 친구는 사전 통화를 해서 그들의 개인정보를 모아 당신이 정직하다는 것을 보여줄 것입니다. 하지만 친구는 부주의하게 행동하는 바람에 결국 체포되고 맙니다.

당신은 친구의 메모를 회수했는데, 각 인물에 대한 사실을 풀어내 사기에 성공할 수 있을까요?

- 정부기관에서 일하는 사람에게 은행 계좌 관련으로 연락할 예정
- 우편물 사기를 칠 사람에게는 건강보험 관련으로 연락할 예정
- 'MP'는 소프트웨어 엔지니어
- 은퇴한 우체국 직원에겐 전화 통화로 사기 칠 예정
- 'ZN'에겐 이메일로 연락 예정
- 암호화폐 관련으로 연락할 예정인 사람에겐 이메일 보내지 말 것
- 'CJ'는 정부기관에서 일하지 않음

알아내야 할 것

- 각 인물의 직업은?
- 연락 수단은?
- 연락할 관련 내용은?

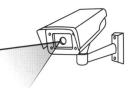

59. 웜홀

당신은 사이버 범죄 업계에서 꽤 알려져 있지만 그래도 모든 것을 혼자 할 수는 없습니다. 당신은 젊은 컴퓨터 과학자를 포섭해서 멀웨어 웜을 개발하게 했습니다.

그런데 불행히도 웜이 통제를 벗어났고 과학자는 도망쳤습니다. 당신은 웜을 이용해 온라인에 혼란을 일으키길 바랐지만 지금 당장은 당신의 컴퓨터만 망가뜨리고 있을 뿐입니다. 당신은 피해를 막아야 합니다. 당신 본부 사무실에는 5대의 컴퓨터가 있는데, 전부 줄줄이 연결되어 있습니다. 더 안전하게 인터넷에서 분리하려고 했으나 제대로 되지 않은 것 같습니다.

웜은 컴퓨터에 차례로 퍼져가며 하드 드라이브의 모든 데이터를 파괴하고 다음 컴퓨터로 옮겨가도록 프로그램되었습니다. 느리게 시작했다가 속도를 올려 불쌍한 희생자의 긴장감을 높이고, 데이터를 전부 잃기 전에 웜을 비활성화해달라며 얼른 현금을 갖다 바치게 합니다.

불행히도 아직 원격 비활성화 설정을 하지 못해서 데이터를 몽땅 잃기 전에 얼른 사무실에 들어가야 합니다.

최초 15분간 웜은 디스크 공간 1TB를 파괴합니다. 다음 15분간, 기존 15분간 파괴한 만큼에 더해 추가로 2TB의 데이터를 파괴합니다. 이런 식으로 15분마다 증가합니다. 두 번째 15분이 지나고 나면―작동하고 30분이 지나면―4TB의 데이터를 파괴하는 것입니다. 첫 번째는 1TB, 그다음 또 1TB에 추가로 2TB.

당신의 컴퓨터는 이렇게 설치되어 있으며, 저장 용량은 다음과 같습니다.

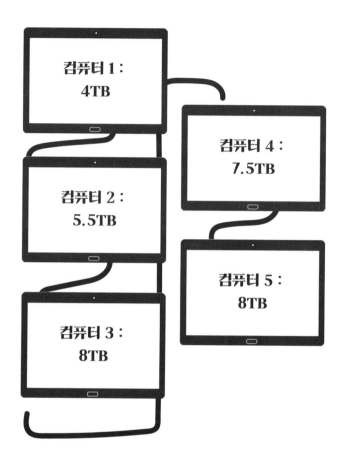

웜이 마지막으로 도달할 컴퓨터 5에는 당신의 개인 데이터가 모두 들어 있으며, 이것만은 잃을 수 없습니다. 웜이 퍼진 순간부터 컴퓨터 5에 있는 데이터가 파괴되기 시작할 때까지 얼마나 걸릴까요?
당신이 사무실에 들어가기까지 1시간 30분이 걸린다면 제때 도착할 수 있을까요?

60. 바이러스를 잡아라

재난이 닥쳤습니다. 당신이 수사 중인 사건에 대한 정보를 가지고 있다
고 주장하는 사람과 이메일을 주고받았는데 알고 보니 사이버 범죄자
였네요.

증거가 담겨 있다고 보낸 상대의 파일에는 사실 랜섬웨어가 들어 있
어 당신의 컴퓨터를 감염시켰습니다.

보낸 사람은 새로 입수한 기밀 정보를 세상에 공개하겠다고 협박하고
있으므로 빠른 조치를 취해야 합니다.

당신의 컴퓨터 전문가는 공격의 출처에 대해 약간의 정보를 알아내고,
용의자의 것으로 추정되는 IP 주소지로 예상되는 좌표 목록을 뽑아주
었습니다.

좌표를 더 철저히 조사한 결과, 전문가는 해커의 위치에 대해 다음과
같은 정보를 내놓았습니다.

- 최북단은 제외해도 됨.
- 용의자의 좌표는 홀수와 짝수 둘 다 있음.
- 용의자는 북반구에 있음.

34°44′32.8″N 149°19′24.3″W

22°28′26.8″N 48°28′24.6″W

4°09′16.8″S 178°01′47.1″W

41°40′48.0″S 12°08′24.8″W

81°28′58.1″N 138°28′03.5″W

55°44′53.9″N 31°19′37.5″W

이 좌표들 중 당신이 찾는 범죄자의 실제 위치는 어디일까요?

이제 당신의 관찰력을 다시 시험해볼 때입니다. 경찰서에서 신입 전원을 시험하기 위해 신원 확인 연습을 진행 중입니다.

아래 설명을 보고 오른쪽 페이지에 나열된 몽타주에서 범인을 골라낼 수 있을까요?

1. 먼저 다음 용의자 중에 같은 종류의 넥타이가 아니거나 아예 넥타이를 하지 않은 사람은 전부 제외합니다.

2. 남은 용의자 중에 이마 선이 전혀 다른 사람을 제외합니다.

3. 다른 사람들과 재킷 색깔이 확연하게 다른 2명을 제외합니다.

4. 넥타이 줄무늬 방향이 다른 사람을 제외합니다.

5. 이 시점에서 머리색이 다른 사람을 제외합니다.

6. 이제 3명이 남아 있어야 합니다. 그중 거의 얼굴이 비슷한 둘은 제외합니다.

7. 그러면 1명이 남습니다 : 범인

이 모든 단서를 읽고 범인을 찾을 수 있을까요?

62. 해결 후 쪽지는 태울 것

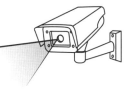

한동안 조용히 지내야 할 때입니다. 최근 라이벌 조직과 한판 벌인 후, 많은 이들이 당신을 노리고 있습니다. 조직 보스는 당신이 숨어 지낼 곳을 마련해주었습니다.

라이벌 조직에서 당신 전화를 도청하고 있으므로 탈주하는 동안 다른 통신수단을 사용해야 합니다 — 재대결할 생각이 아니라면요.

보스는 당신에게 비행기로 떠나라며 이 쪽지를 보내 어떤 공항으로 가야 할지 알려주었습니다. 서둘러야 할 것 같네요 — 비행기 시간에 맞추려면요.

잘했어. 푹 쉬고 와. 은신처 정보야. 눈에 띄지 않게 주의하고. 규칙은 알다시피,

- 주어진 단서 숫자에 따라 네모 칸 칠하기.
- 단서를 왼쪽에서 오른쪽, 또는 위에서 아래로 읽으면 각 가로줄과 세로줄의 연속으로 색칠한 칸의 길이가 나옴.
- 같은 가로줄 또는 세로줄의 연속으로 색칠한 칸 사이에는 최소한 빈칸이 하나 이상 있어야 함.

알아낼 수 있겠지!

오늘 비행기를 타고 갈 곳은 어디인가요? 목적지를 확인하는 즉시 증거를 없애야 한다는 것, 잊지 마세요.

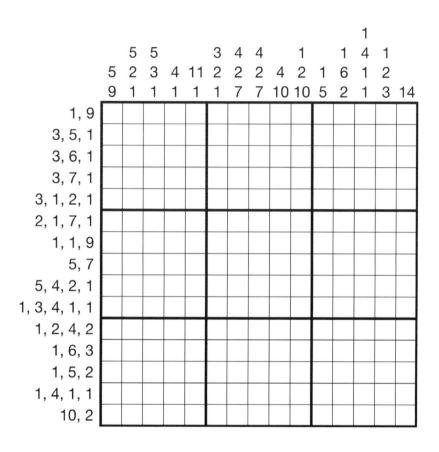

63. 악플러에게 먹이를 주지 마시오

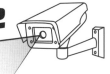

유명 연예인이 최근 당신에게 연락해서, 소셜미디어 악플러 3명 때문에 힘들다고 불평했습니다. 당신은 악플러들이 온라인에 올린 댓글을 통해 이름과 행적에 대한 다양한 정보를 수집했습니다.

해당 관계 기관에 신고할 수 있도록 메모 내용을 통해 악플러들의 실명과 그들이 사는 도시를 알아낼 수 있을까요?

각 악플러의 실명과 살고 있는 곳, 그리고 악플을 올린 플랫폼은 무엇일까요?

- rude_hanna는 트위터 악플러가 아닙니다.
- 샘 베넷은 80schild의 실명입니다.
- 부에노스아이레스에 사는 사람은 인스타그램에서 악플을 올립니다.
- Tiny247는 페이스북에 게시물을 올립니다.
- 뢱 듄은 런던에 삽니다.
- 아나 헤르모사의 온라인 이름에는 숫자가 들어가지 않습니다.
- 트위터에서 악플을 다는 사람은 뉴욕에 삽니다.

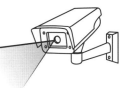

당신은 동료를 교도소에서 '빼낼' 계획을 세우고 있습니다. 동료는 온라인 보안 시스템 접근 코드인 6자리 숫자를 알아냈으며, 당신이 그것을 이용해 시스템을 비활성화하기를 바랍니다.

동료는 휴대폰을 구했지만 같이 빠져나갈 속셈인 다른 수감자들이 문자를 살피고 있습니다. 동료는 일련의 문자 속에 코드를 숨겨 보냈습니다.

> 곧 필요한 비행편 정보를 다 알게 될 거야(자판 입력만 하면).
>
> 명심해. 세부 사항에 주의 & 모든 것에 의문을 가질 것!
>
> 문장부호에 주의하면 인생에서 99%는 사람들이 너를 더 진지하게 상대해 줄 거야.
>
> 네 보상은 $100000라는 걸 명심해.
>
> 이제 기어 시프트를 풀고 나아가.

문자에는 무엇을 할지 지시하는 단서 3개가 있습니다. 주요 단어를 파악하고 6자리 숫자를 알아낼 수 있을까요?

65. 공포의 문신

방금 악명 높은 범죄조직의 조직원을 체포한 것 같습니다.

이들은 상체 어딘가에 아래의 도안 중 하나를 문신했다고 알려져 있습니다.

이 도안 중 하나를 조직원 상체에서 찾아낼 수 있을까요?

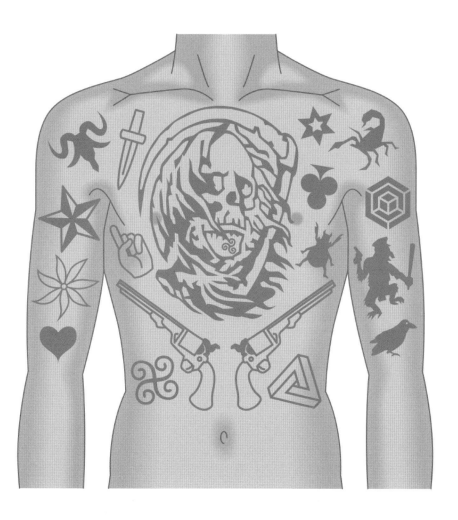

66. 선로를 따라서

당신은 붐비는 지하철 노선 통제실의 호출을 받았습니다. 해커가 통신망에 침입하여 숫자로 된 접근 코드를 바꿔버렸습니다. 그들의 계획은 모르지만 좋은 소식 같지는 않습니다 — 재난이 닥쳤다는 느낌이 듭니다.

IT 전문가는 지금 화면에 떠 있는, 해커가 남겨둔 정체불명의 표를 발견했다고 합니다. 처음에는 선로 지도의 일부인 줄 알았는데, 더 자세히 보니 숫자가 여기저기 쓰여 있고 선로 상당 부분이 빠져 있습니다. 이미지를 자세히 보니 그 밑에 단어가 드러나기 시작합니다. 해커가

	7	1	1	2	4	5	3	2
4		1		2		3		4
3	5		6		7		8	
3		9		1		2		3
3	4		5		6		7	
3	🛤	8		9		1		2
5	3		4		5		🛤	
3	🛤	6		7		8		9
1	1		2		3	🛤	4	

당신에게 메시지를 실시간으로 보내고 있는 것 같네요.

혼돈의 기차에 승차한 것을 환영해!

공평하게 기회를 주지—새 비밀번호를 알아내고 다시 선로 통제권을 가져갈 기회를. 날카로운 지성과 뾰족한 연필을 준비하길!

기차는 왼쪽 세로줄로 들어와 하단 가로줄로 나간다—그리고 너희를 위해 다른 두 조각을 남겨두었지. 기차는 이 지역을 돌아다니지만, 그 외에는 표 밖으로 나가지 않고, 지나온 길을 가로지르지도 않는다. 약속할게.

인심 쓰는 셈치고 단서를 잔뜩 남겨놨어. 표 바깥에 있는 숫자는 각 가로줄과 세로줄에 있는 기차선로 조각의 숫자야. 그리고 선로는 직선과 오른쪽으로 꺾기만 있어.

선로는 표 안에서 여러 개의 숫자를 지나쳐. 기차 행적에 따라 순서대로 번호를 읽으면 고대하던 접근 코드가 나올 거야. 딱 10분 안에 선로를 정상화해야 해—그 시간이 지나면 실제로 기차를 움직이기 시작할 거니까. 그럼 행운을 빌어!

새 접근 코드는 무엇일까요?

67. 병 속의 메시지

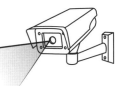

보스가 납치극을 벌여 닷새 만에 5명을 납치했습니다. 보스는 한참 후에야 범죄 현장을 조사하러 올 경찰에게 매번 작은 선물로 병을 남겨놓았습니다.

보스는 워낙 친절한 사람이라 병에 단서를 남겨둡니다. 경찰이 그걸 풀 수 있을지는 의심스럽지만, 혹시 머리가 있다면 괜한 고생하지 않고 납치된 5명을 되찾아올 기회가 한 번 있는 셈이겠지요. 이 이상 공정할 수는 없지 않을까요?

보스가 하루에 하나씩 두고 온 5개의 병은 오른쪽 페이지에 나와 있습니다. 나는 그 병들을 한 번 보고 다 풀었습니다 — 내가 딱히 똑똑한 사람이라고 할 수는 없습니다. 솔직히 말하자면 보스에게 조금 힌트를 얻었으니까요.

아무 힌트 없이 5명을 찾을 수 있을까요?

68. 예고된 범죄

당신은 형사들에게 다음 목표물에 대한 힌트를 주려고 범죄 현장에
단서를 남기기로 유명한 범죄조직을 추적해왔습니다.
그들의 조롱에 질렸지만 다음 현장에 먼저 도착하려면 그들의 게임에
맞춰 상대할 수밖에 없습니다.
당신은 최근 그들이 침입한 곳에서 다음 단서를 발견했습니다.

> HINT에 있는 모든 것을 버려라
> ㅂㅏㄴㅐㅂㅏㅣㄷㅗㅇㅓN ㅁㅐㄴT

곧 당신은 이것이 장소가 아니라 조직에 대해 더 많이 알아내기 위해
연락해야 할 사람에 관한 정보임을 알게 됩니다.
그 사람은 누구이고, 일하는 곳은 어디일까요?

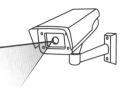

최근 조직에서 신입을 받았는데, 갈수록 그의 충성심에 의구심이 듭니다.
당신은 신입이 혹시 조직 외 누군가와 통화했는지 확인하려고 그의
휴대폰을 슬쩍합니다. 살펴보니 천지인 키보드를 사용하고 있군요.
당신은 일련의 문자를 발견하지만 단어가 아니라 그냥 숫자만 나열되
어 있습니다.

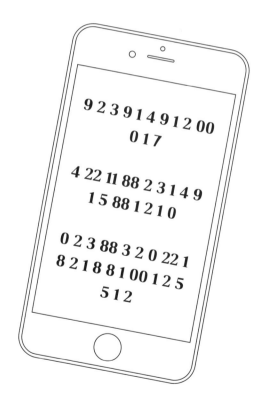

그들의 계획은 무엇일까요?

70. 쓰레기통을 뒤져라

당신은 운 없게도 범죄 현장 주변의 쓰레기통에서
단서를 찾는 일을 맡았습니다. 온갖 쓰레기 속에
버려진 살인 무기를 찾을 수 있을까요?

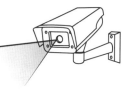

71. 탈출 경로를 찾아라

X로 표시된 경찰 봉쇄를 피해 인질을 데리고 시내를 가로지를 수 있을까요?

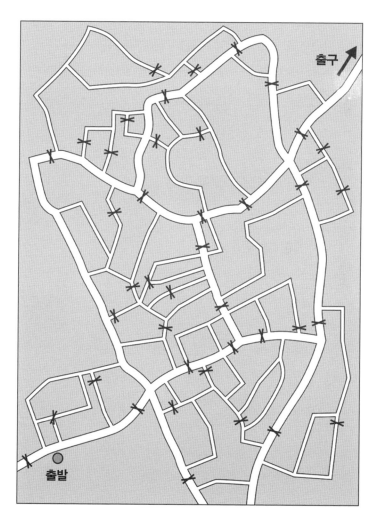

72. 수수께끼의 메시지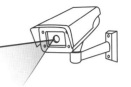

악명 높은 범죄조직의 리더로서 당신은 권위와 통제력을 길러야 합니다. 이를 위해 당신은 일련의 시험을 치러서 신입 조직원들을 테스트하기로 했습니다. 지원자들에게 어떤 종류의 물리력도 사용하지 않고 금고에 침입하라고 말했습니다. 물론 당신이 직접 힘든 일을 할 필요는 없으므로, 다른 사람을 뽑아 시험을 만들게 했지요.

동료는 단서가 포함된 수수께끼 메시지를 작성해서, 테스트를 시작하기 전에 당신에게 보내 확인을 요청했습니다.

강조한 부분을 전부 헤아리기

무엇보다 명심해야 할 것은 우리가 번 돈은 '모두' 신뢰 관계에 있는 '돈세탁업자'에게 보낸 다음 '수입'으로 기록해야 한다.

급료는 수시로 검토한다. 다른 사람과 똑같이 벌 거라는 기대는 '접어라'. 시간을 들여 신뢰를 얻고, '노력해서' 올라가라.

우리 '본부'(런던에 위치)에는 모든 '행정 기록'이 남아 있으므로 어떤 대가를 치르더라도 장소를 '비밀'로 해야 한다.

'사기', '절도', '협박', '폭력' 등을 통해 번 모든 수입은 즉시 신고해야 한다. 신고되지 않은 자산을 소지한 자는 즉시 처벌된다.

우리는 이 지역 내의 유일한 조직원이 아니므로, 모든 현금, 보석과 귀중품은 우리 금고에 보관해야 한다. 비밀번호는 이미 너희가 갖고 있으니 찾아내기만 하면 된다. 이 '이메일'의 각 '문단'마다 비밀번호 한 자리가 숨겨져 있으니 주의해서 읽어라. 제목을 보면 방법을 알 것이다.

동료는 신입들이 치를 시험을 훌륭하게 만들어냈습니다.
금고의 5자리 비밀번호는 무엇일까요? 힌트를 주자면 첫 번째 숫자는 9입니다.

73. 번호를 풀어라

범죄자들이 어떤 식으로든 자신이 저지른 행위에 얼마나 자주 '서명'을 남기고 싶어 하는지는 언제 봐도 놀랍지요.

당신은 서재에서 살해당한 남자의 사건을 조사하기 위해 현장에 도착했습니다. 책상 위의 서류를 살피다 숫자가 적힌 피 묻은 종이가 테이프로 붙여져 있는 것을 발견합니다. 누군가 당신이 봐주기를 바라는 게 분명하군요.

당신 부하들은 이미 사건 현장 근처에 있었던 4명의 이름을 알아냈고, 현재로선 그들이 유력한 용의자들입니다.

8 24 4 25 5 8 24

8 15 4 19

7 24 9 15 1 3 19 24 2 23 2

7 15 4 15 5

ㄱㄴㄷㄹㅁㅂㅅㅇㅈㅊㅋㅌㅍㅎ

ㅏㅑㅓㅕㅗㅛㅜㅠㅡㅣ

이 종이로 네 사람 중 1명이 범인임을 확신할 수 있습니다. 무슨 의미
인지 알아낼 수만 있다면요.

용의자 명단과 피 묻은 종이로 누가 살인을 저질렀는지 알아낼 수 있
을까요?

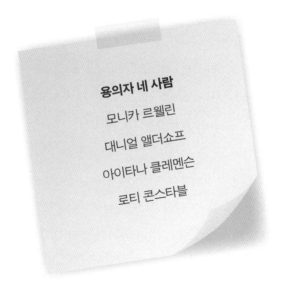

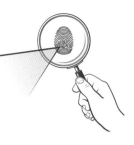

당신은 최근 범죄자들이 주고받는 통신을 가로채기 힘들어졌고, 지역 범죄조직이 온라인 게임 채팅방에서 계획을 짜고 있다는 것을 알게 됩니다. 당신도 캐릭터를 만들어 그들의 대화에 끼는 데 성공합니다. 하지만 갑자기 그들의 메시지가 말도 안 되는 문자의 나열이 되어버렸습니다. 시간 내에 암호를 풀지는 못했지만 문자 세 줄의 사진을 찍어왔습니다.

3ㅍ ㅣ ㅌ ㅏ 60ㄱㄹ2 ㅣ ㅎ

56ㄱㅌ ㅏ 7ㄴ ㄹ34ㅋ ㅡ ㄷ 3ㅋㄷ9ㅇ7ㅜㅇ ㅅ ㅣ 2ㄴ ㅁ ㄹ ㄴ 500ㄷ4ㄷ ㅡ ㄲ

A1T7M4G5WRH

문자가 화면에서 사라지고(사진을 찍어서 다행이네요) 갑자기 2진법 코드로 바뀌었습니다. 처음에는 게임 에러 메시지인 줄 알았으나 더 자세히 살펴보니 이 코드에는 뭔가 의미가 숨겨져 있습니다.

010010001010

0010100100010 0010001001 010010001010

01010101001

어떻게 푸는지, 범죄자들이 어디 있는지 알아낼 수 있을까요?

75. 인터넷 도둑

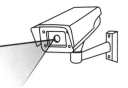

당신은 위험한 임무를 맡게 되었습니다. 이웃집에 침입하여 와이파이 비밀번호를 훔쳐 오는 것으로, 당신과 함께 사는 동료들의 인터넷 요금을 절약하기 위해서입니다.

그 집에 들어가서 발견한 것이라고는 벽에 붙어 있는 단서 쪽지 한 장뿐입니다. 단서를 이용하여 비밀번호를 알아낼 수 있을까요?

잊지 마.

비밀번호는 숫자만!

[오류 : 요청한 페이지를 찾을 수 없습니다][하루 종일 일주일 내내][불길한 금요일][유명한 비밀요원][미국 응급 전화번호]

[_ _ _] [_ _ / _] [_ _] [_ _ _] [_ _ _]

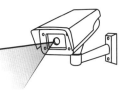

제대로 된 사이버 범죄자라면 비밀번호를 써놓지 말아야 합니다. 하지만 온갖 복잡한 한탕과 비밀 작전을 진행하는 중에는 머릿속이 복잡하다 보니 비밀번호를 까먹기 마련이지요. 당신은 보스의 노트북 접속 비밀번호 6자리의 단서를 쪽지에 적어두었는데, 그걸 푸는 방법을 잊어버리고 말았습니다. 보스가 오기 전에 비밀번호를 풀 수 있을까요?

가운데 세로줄 단어는 순서가 틀렸음―짝을 맞춰 돌려놓으면 맞는 숫자가 나옴. 끝과 시작을 보고, 왼쪽에서 오른쪽으로 읽으며, 1~9만 사용됨. 각 숫자는 딱 한 번씩만 쓰임.

복숭아	덜거덕	(2, 3)
부하	울상	(2, 2)
요일	엣지	(3, 3)
완두	홉되	(3)
급여	나방	(2, 4)
지네	곱빼기	(3)

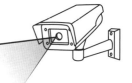

77. 전화번호를 알려줘

당신은 계획 중인 사기에 위장용으로 사용할 소셜미디어 가짜 계정을 개설하는 데 도움을 줄 신원 위조 전문가를 고용했습니다.

전문가와 얘기를 나눠야 하는데 전화번호를 알려주는 것은 위험한 일입니다. 양쪽 다 자신의 번호를 완전히 노출하기를 꺼리고, 최소한 먼저 알려주고 싶지는 않습니다.

전문가 쪽에서 한 발 물러나 당신에게 필요한 정보가 담긴 이메일을 보냈습니다. 전화번호가 어떤 식으로 감춰져 있는지 풀어야 합니다.

제목

먼저 첫째로 — 전화번호

메시지

칠칠지 못하게 온라인상의 강탈자를 간과해선 안 됨. 이쪽 비밀요원들에게는 신규 정보가 자연스럽게 제공될 것. 사적 행동은 제한. 구별될 만한 행적을 보이는 정보원을 색출. 사방팔방 신중하게 살필 것. 삼엄한 경계가 필요. 일방적인 지시는 사양. 오해 없도록 확실하게. 이대로 끝까지 함께. 사기 작전 결행.

숨겨진 전화번호는 무엇일까요?

78. 고가품 절도

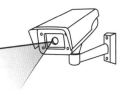

당신은 저택 주인이 저녁에 외출할 때까지 밖에서 어슬렁거리다 이제 집 안에 침입했습니다.

거실에 있는 물건 중에 가장 비싸며 가지고 달아나기에 적당한 물건을 찾을 수 있을까요?

나가는 길에 수색을 당해도 의심을 살 위험이 가장 적으면서도 제일 값어치가 나갈 물건은 무엇일까요?

79. 믿을 수 없는 목격자

당신은 범죄 현장을 촬영했습니다.

절도 목격자가 범죄 발생 당시 자신이 본 것을 말해주었는데 뭔가 앞뒤가 맞지 않습니다. 수사관의 본능으로 목격자 증언에서 모순점을 찾아낼 수 있을까요?

"어젯저녁 퇴근하고 막 집에 들어왔는데 옆집에서 유리 깨지는 소리가 나더라고요. 밖으로 나갔더니 옆집 창 너머로 도둑이 보였어요. 서랍을 비우고, 머그잔을 쳐서 넘어뜨리고, 사방에 펜과 연필을 흩트려 놓고 있더군요. 뭘 찾고 있었는지는 모르겠지만 쓰레기통까지 비웠어요. 완전 난장판이었죠. 경찰에 신고했지만 도둑이 나를 알아채고는 경찰이 도착하기 전에 도망갔어요."

80. 위험한 실험

제약회사 실험실에서 살인이 벌어졌고 기술자가 독살되었습니다. 무슨 독인지는 분명하지 않습니다.

당신은 실험실 안을 둘러봅니다. 벽에는 이상한 표가 걸려 있지만 딱히 유용한지는 알 수 없습니다.

	A	B	C	D	E	F	G
5	L	D	Q	D	C	B	A
4	G	S	A	W	S	U	M
3	R	L	F	A	G	V	E
2	N	P	A	Y	V	E	Z
1	I	O	B	F	T	X	I

희망을 버리려던 찰나 문가에서 작은 쪽지를 발견합니다.
누가 썼는지는 모르지만 4개의 화학물질처럼 보입니다 ─ 하지만 더
자세히 들여다보니 뭔가 다른 내용 같습니다.
사실 이것이 살인자의 정체와 관련된 힌트라는 확신이 듭니다.
단서를 통해 누가 범인인지 알아낼 수 있을까요?

C4A2D3

B5F2

B3C2

E4G3A5F3G5

81. 빈집털이

한 주민이 몇 달 전 새집으로 이사했는데 도둑이 들었다고 신고했습니다.

당신은 그 주민이 소셜미디어에 새집에 대해 많은 게시물을 올리고 사진도 여러 장 올렸음을 발견했습니다.

도둑이 어떻게 침입했는지는 모르겠지만 게시물을 통해 알 수 있을 것 같습니다.

SammiRose의 최근 게시물

1. 내일 새집 열쇠를 받는다.

2. 새집 녹슨 차고 문 교체 문제로 이사 연기. 후회하는 것보다 안전한 게 낫 겠지?

3. 마침내 열쇠 받음. 차고 문 교체.(이제 최신 키패드. 열쇠 같은 게 아니라 절대 잊지 못할 비밀번호로.)

4. 새미가 너무 뚱뚱해서 새집의 고양이 문을 통과하지 못하네(황당). 다른 고양이 친구들이 들락거리지 못하게 잠가야겠다.

5. 새집 안방 전망! 도심 공원 전망이 끝내줌.(아름다운 목조 창틀이 그립긴 하지만 PVC 창틀은 튼튼하니까.)

6. 남편이 열쇠를 잃어버리고 내 열쇠는 집에 놔둔 채로 잠가버려 차고로 집 에 드나들게 생겼음. 새집에서의 생활을 이런 식으로 시작하게 될 줄이

야 ― 일주일 남았다.

7. 남편이 열쇠 찾음. 주머니에 들어 있었다네, 나 원 참.

8. 새집에서 2주일째 맞이했고, 오늘은 5주년 결혼기념일이다 ― 인생 최고
   의 하루!

9. 여기 온 지 3주일째인데 아직도 '집 팔림' 팻말을 안 치웠네. 어휴!

범인은 어떻게 들어갔을까요? 그리고 어느 집인지 어떻게 알았을까요?

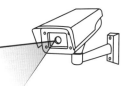

경찰 일이란 것이 사실 지루할 때가 있습니다. 범죄자 체포보다 서류 작성이 더 많으니까요. 그러나 대기업에서 일하는 친구들과 얘기하다 보면 형사가 되길 잘했다는 생각이 듭니다. 하루 14시간 일하고 비싼 나이트클럽에서 화려한 파티를 즐기는 삶이 딱히 매력적이지 않으니까요. 차라리 서류 작업이 낫죠.

얼마 전 어떤 사건을 수사하던 중 이쪽 세계에 대한 혐오감이 떠오르는 일이 있었습니다. 우리 팀은 런던 금융 지구의 말도 안 되게 높은 초고층 빌딩으로 출동했습니다. 헬렌 맥레이라는 이름의 광고 캠페인 매니저가 살해당한 현장이었죠.

범죄는 전날 밤 오후 10시쯤 일어난 것으로 보였고, 당시 사무실에는 몇 명만 남아 업무를 마무리하고 있었습니다. 살인자는 꽤 타이밍을 잘 맞췄습니다. 같은 사무실에서 일하는 헬렌의 비서가 근처에 피자를 사러 잠깐 자리를 비운 사이 범인은 사무실로 몰래 숨어들어 총을 쏜 것입니다.

나는 부하 경찰 중 한 명에게 현장을 확보하라고 지시하고, 다른 부하에게 충격받은 비서를 근처 조용한 방으로 데리고 가서 차를 가져다주라고 했습니다. 나는 내부 구조를 파악하려고 긴 복도를 걸어가, 마침내 반질반질한 청동 안내판이 걸린 앞 방에 도달했습니다. 'CEO 안토니아 슐만.'

비스듬히 열린 문을 밀어본 나는 방의 크기에 놀라고 말았습니다. 비

싼 안락의자들과 유리로 된 커피 테이블만 치우면 테니스 경기를 해도
될 정도였습니다. 경시청에 있는 나의 초라한 칸막이 자리가 민망할
지경이었습니다. 뒤에서 찰칵 문소리가 나길래 돌아보니 CEO가 들어
오고 있었습니다. "기다리게 해서 죄송합니다." 그녀는 아주 약간 당황
한 어조로 말했습니다. "뉴욕 JFK 공항 출발 비행편이 연착되어서요.
헬렌 소식은 방금 들었어요. 끔찍해라. 혹시 도와드릴 일이 있나요?"
나는 그녀에게 회사에서 헬렌의 역할을 자세히 설명해달라고 부탁하
고, 혹시 헬렌에게 원한을 살 만한 사람이 있는지 물었습니다.

"헬렌은 아주 직설적인 사람이었어요. 그래서 아마 가끔 사람들과 마
찰도 있었겠죠. 자신이 생각하는 것을 그대로 말하는 편이었죠. 마틴
이라고 다른 캠페인 매니저가 있는데, 헬렌을 못 견뎌서 종종 달갑
지 않은 문제가 생기곤 했어요. 회의에서 서로 으르렁거리는 바람에
가끔은 둘 다 머리 좀 식히라고 내보낼 때도 있었답니다. 하지만 헬렌
은 항상 훌륭한 아이디어를 냈고, 캠페인에서 얻어내고자 하는 핵심을
잡아내는 데 아주 탁월했어요. 사실 신규 고객과 미팅을 마치고 오던
참이에요. 며칠에 걸쳐 새 프로젝트를 논의했고, 그쪽에서 우리에게
의뢰했어요. 나는 그 광고 캠페인을 헬렌에게 맡길 예정이었어요. 헬
렌과 비서는 몇 년 전 그쪽 CEO를 만난 적 있는 데다 관계가 아주 좋
았거든요."

이 마틴이라는 사람이 흥미로워 보여서 나는 최대한 빨리 그와의 면
담을 추진했습니다. 30대 중반의 키 큰 마틴은 경계심을 무장 해제시
키는 미소로 냉혹하고 무자비한 눈빛을 거의 가리고 있었습니다. 나는
그에게 헬렌 맥레이와의 관계와 살인이 벌어진 시각 어디 있었는지
물었습니다.

"시내 반대쪽에서 일 관련 파티에 참석하고 있었죠. 그러니 도움드릴 수 없겠네요. 거기 도착한 시각은 9시쯤이었고, 수백 명이 증명해줄 거예요. 그날 아침 커피머신 옆에서 헬렌이 저를 무시하고 지나간 이후로는 보지도 못했습니다. 헬렌은 가끔 어이없을 정도로 무례하게 구는데, 최근 제가 큰 광고 캠페인을 여러 건 맡게 되어서 저를 시기하는 것 같더군요. 유리 천장을 두들기고 있다나 뭐라나. 하지만 직장에서의 평등에 대해 뭐라고 떠들든 간에, 제가 광고 캠페인 구상에 뛰어난 것은 사실이고, 경영진도 그 점을 파악한 것 같아요. 헬렌은 사람들에 대해 알아내는 재주가 있었고, 대화 중간에 희한한 얘기를 끄집어내 때로는 사람들을 상당히 불안하게 만들었죠. 하지만 그걸 알고 싶으신 건 아닐 테고 정말 누가 그랬는지 짐작이 안 가네요. 그 비서는 항상 좀 희한하더라고요. 조용하긴 한데 눈빛이 사람을 긴장하게 만든다고 할까요. 둘이 가끔 같이 놀러 나가던데, 제 생각에 헬렌은 그저 비서가 야근을 꺼리지 않게 하려고 비위를 맞추는 거 같았어요."

이때 마틴이 마침 지나가던 키 크고 깡마른 젊은 남자를 불렀습니다. "이봐, 클린턴, 어젯밤 늦게까지 근무하지 않았나?" 클린턴은 경찰관과 이렇게 인사하게 된 것에 전혀 감명받지 않은 듯했지만 차분하고 자신 있게 대답했습니다.

"네, 여기 있었죠. 디자이너라서 가끔 아이디어에 정신이 팔린 캠페인 매니저들이 저를 밤새 붙들어놓거든요." (이 부분에서 그는 마틴에게 차가운 시선을 던졌습니다). "제 사무실은 헬렌의 사무실과 멀지 않고, 10시 15분쯤 복도에서 몇 사람 목소리를 듣긴 했지만 별 생각 안 했어요."

나는 비서가 앉아 있던 방으로 돌아갔습니다. 비서는 차를 다 마시고 나와 이야기할 준비가 되어 있었죠. 우선 헬렌 맥레이가 상사로서 그리고 한 인간으로서 어떤 사람이었는지 묻는 것으로 시작했습니다.

"헬렌은 상사로 모시기에 편한 분은 아니었어요. 최고의 위치에 오르기 위해 열심히 일했고, 자기 앞을 가로막거나 경력에 위협이 되는 사람들은 거리낌없이 치워버렸죠. 기분만 좋으면 참 재미있는 분이었어요. 가끔 밖에서 점심도 사주고, 항상 웃음을 터트리며 마무리 지었죠. 하지만 척지고 싶지 않은 사람이었어요. 몇 주 전에 우리 CEO 안토니아가 광고 제작을 의뢰할 신규 이탈리아인 고객에 관한 회의를 열었는데, 그 자리에서 마틴과 헬렌이 거하게 충돌해 한바탕 난리가 났어요. 안토니아는 로마에 사람을 보내 고객과 작업하고 싶어 했고, 헬렌은 몹시 가고 싶어 했어요. 아니면 그냥 마틴을 누르고 선택받고 싶었는지도 모르죠. 보통 안토니아 본인이 가는 편이지만, 얼마 전 출산해서 출장을 줄이려는 참이었거든요. 제가 안토니아의 일정도 관리하는데 지난 몇 주 동안 영국 밖으로 나가지 않았어요. 아무튼 모든 상황이 아주 어색했어요. 그 둘이 서로 상대한테 하는 말을 들어보셨어야 하는데. 아마 다른 곳이라면 해고당했겠지만 여기서는 '열정적인' 창의성을 존중하는 것 같더라고요. 둘 다 상대를 앞지르기 위해서라면 못할 게 없었을걸요."

마지막으로 나는 빌딩 도어맨과 짧은 대화를 나누었습니다. 성격 좋은 그 젊은이는 여기가 첫 직장이라고 했습니다. 그는 말했습니다.

"말씀하시는 여자분 알죠. 항상 밝은색 옷을 입었어요. 보통 아주 상냥하지만 그런 도시 사람들이 가끔 어떤지 아시잖아요. 자기 일에 사로잡혀 잡담 나눌 시간도 없는 거요. 그분 비서는 완전 달라요. 정말 착하죠. 항상 걸음을 멈추고 안부를 물어봐요. 어젯밤 그 일이 벌어졌을 때 그녀가 피자 사러 나가는 걸 봤죠. 심지어 저한테 피자 한 조각을 주고 들어갔어요."

나는 건물 앞의 길쭉한 창문과 그 너머 거리를 보며 선 채로 잠시 생각에 잠겼습니다. 회사원들이 높은 건물에서 쏟아져 나와 백팩과 서류가방을 추스르며 붐비는 거리를 지나 집으로 향하는 모습을 지켜보았습니다.

뭔가 맞아떨어지지 않는다는 확신이 드는데 그게 뭔지 딱 짚어낼 수가 없었습니다. 하지만 자주 그랬듯이 저녁을 만드느라 채소를 썰던 중 번뜩 떠올랐습니다.

무엇일까요?

83. 잠복근무

당신은 악명 높은 범죄집단의 선발 멤버이며, 이제껏 해본 것 중 가장 대담한 범죄를 계획하고 있습니다. 목표는 가득 모인 관객들 앞에서 세계적으로 유명한 트로피를 훔치는 것입니다.

예정된 진행 순서를 아무도 모를 테니 당신이 트로피를 챙겨 달아나도 아무도 방해하지 않을 것입니다. 마찬가지로 수만수천 명의 관객들 앞에서 뭔가를 훔쳐가리라고 의심할 사람도 없겠지요.

하지만 당신의 본능이 경고합니다. 오른쪽 페이지의 인파 속 특정 구역에서 수상한 점을 포착합니다.

무엇 때문에 이 중 한 명이 잠복근무 중인 경찰이라고 생각했을까요? 그 사람은 누구일까요?

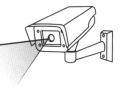

당신이 체포한 범죄자 중 상당수는 비교적 상상력이 부족했습니다. 하지만 최근 수사 중인 사건은 상당히 다른 경우입니다.

범인은 수학자이며 해킹할 수 없게 만들었어야 할 복잡한 온라인 뱅킹 시스템에 침입하는 데 성공했습니다.

당신과 파트너는 그녀의 컴퓨터를 해킹할 사람을 고용했습니다. 다음 목표물을 노리는 그녀보다 앞서도록 말이에요. 해커는 그녀의 하드드라이브에 원격 접속하는 데 성공했지만, 모든 것이 이상하게 암호화되어 있습니다.

컴퓨터 정보에 접근하려면 숫자 비밀번호를 넣으라는 메시지가 뜹니다. 해커가 몇 가지 조합을 시험하는 동안, 당신과 파트너는 수학자가 보낸 듯한 이메일을 받았습니다.

나의 데이터베이스에 접근하고 싶으시다고?

공손하게 물어봤으면 알려줬을 텐데!

여기 비밀번호야. 일단은.

나머지는 당신들이 채울 수 있겠지.

잡을 수 있으면 잡아봐!

첨부된 것은 수많은 숫자들이었습니다. 얼핏 봤을 때는 비밀번호 풀이에 어떤 도움이 될지 알 수 없었습니다.

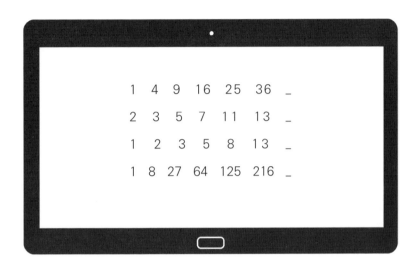

해커를 쳐다보니 망연자실한 표정이었습니다.

하지만 좀 더 자세히 들여다보니, 범인이 정말로 비밀번호를 알아낼 수 있는 단서를 주었네요.

화면에 나타난 것은 다음 메시지입니다.

비밀번호를 입력하세요.

--   --   --   ---

뭘 입력해야 할까요?

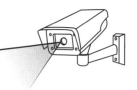

85. 은행강도

"무릎 꿇어! 당장!"

당신은 방금 은행에 침입했고, 당신 팀은 부은행장과 직원들을 인질로 붙잡았습니다.

하지만 짜증스럽게도 알고 보니 은행장은 부하 직원들을 믿지 못해 금고 비밀번호 조합 전체를 가르쳐주지 않았습니다. 문젯거리가 될 줄 예상했던 모양이군요.

직원 5명은 모두 약간의 정보를 갖고 있고, 직원들이 가진 정보를 전부 취합해야 정확한 비밀번호를 알 수 있습니다.

금고 문을 보아하니 3자리 숫자가 필요합니다. 그리고 이런 식의 자물쇠에 익숙한 당신은 중복되는 숫자가 없다는 것을 확신했습니다. 서로 다른 숫자 3개를 알아내야 한다는 것입니다.

번호 조합 하나를 시험하는 데 몇 분이 걸리므로, 짐작한 숫자를 계속 넣어볼 수는 없습니다. 너무 오래 걸리니까요.

당신은 직원 5명이 각각 다른 3자리 숫자를 알고 있으며, 그중 하나만 금고 비밀번호에 포함된다는 것을 알아냅니다.

당신은 인질들을 구슬러서 각 조합에 대해 다음의 사실을 알아냅니다.

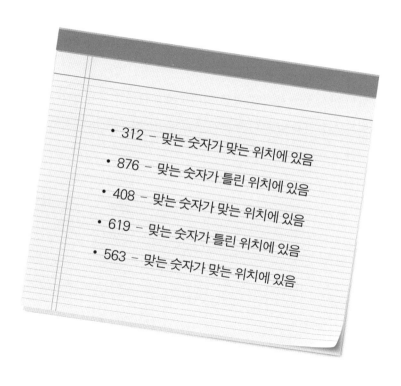

- 312 – 맞는 숫자가 맞는 위치에 있음
- 876 – 맞는 숫자가 틀린 위치에 있음
- 408 – 맞는 숫자가 맞는 위치에 있음
- 619 – 맞는 숫자가 틀린 위치에 있음
- 563 – 맞는 숫자가 맞는 위치에 있음

금고 비밀번호는 무엇일까요?

86. 경로를 찾아라

일부 범죄자들은 항상 한 발짝 앞서 나가는 듯합니다. 은신처를 알아
내고 체포 계획을 세우자마자 놈들은 흔적도 없이 사라집니다.

당신은 최근 그런 범죄자를 추적해왔습니다. 그의 모든 행동을 파악하
면 다음 행적을 예측하는 열쇠가 되리라 생각하고 아주 주의 깊게 지
켜봤습니다.

당신은 어제 하루 휴가를 내고, 팀원들에게 그의 감시를 맡겼습니다.
불행히도 사건을 맡은 다른 조사관들이 취합한 메모는 명확하지 않았
습니다.

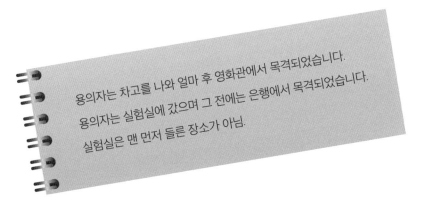

용의자는 차고를 나와 얼마 후 영화관에서 목격되었습니다.
용의자는 실험실에 갔으며 그 전에는 은행에서 목격되었습니다.
실험실은 맨 먼저 들른 장소가 아님.

당신은 어제 용의자가 여섯 곳을 방문했으며, 각각의 장소를 정확히
한 번씩 갔음을 알고 있습니다.

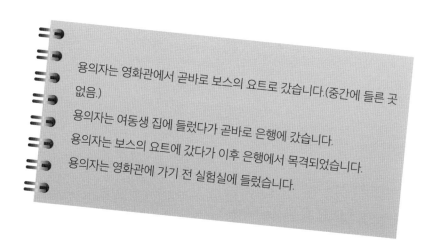

용의자는 영화관에서 곧바로 보스의 요트로 갔습니다.(중간에 들른 곳 없음.)

용의자는 여동생 집에 들렀다가 곧바로 은행에 갔습니다.

용의자는 보스의 요트에 갔다가 이후 은행에서 목격되었습니다.

용의자는 영화관에 가기 전 실험실에 들렀습니다.

단서를 해석해서 범죄자가 여섯 곳을 방문한 순서를 정리할 수 있을까요?

87. 창고 침입

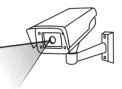

당신은 최신 제품을 훔쳐 한몫 챙기려고 방금 전자제품 매장에 침입했습니다. 하지만 매장의 보안이 생각보다 철저해서, 창고 비밀번호 전체를 아는 직원이 한 명도 없었습니다.

직원 4명은 각각 한 자리 숫자를 알고 있었고, 각자 단서를 적은 쪽지를 지갑이나 가방에 넣고 다닙니다. 당신은 그 쪽지들을 모아서 4자리 비밀번호를 알아낼 수 있을까요?

ㄱ : 아무도 믿지 말 것. 그게 몇 년간 내가 배운 것이다.

ㄴ : 도둑은 항상 대형 전자제품 매장을 노린다.

ㄷ : 글자 수를 센다. 고객은 우리를 사랑한다. 그렇지?

ㄹ : 놈들의 요구에 넘어갈 순 없어. 절대로 이 암호를 풀지 못해. 어리석게 속지 말자.

88. 사라진 마이크로칩

"나는 억만장자입니다. 그런 내게서 한몫 빼먹으려는 사람들이 많죠."
내가 새로운 의뢰인의 집에서 벌어진 사건을 조사할 때 그가 한 말입니다.

한밤중에 전화벨 소리를 듣고 잠이 깼습니다. 긴급 상황이었습니다. 당장 내가 투입되어야 하는 일이라고 말입니다. 물론 피해자들은 누구든 자기 사건이 가장 중요하다고 생각하기 마련이지만 왠지 이 사건에 관심이 갔습니다.

거짓말이 아니었습니다. 그는 진짜 억만장자였고, 여러분도 십중팔구 이름을 들어본 인물이었습니다. 그는 관심 분야가 아주 넓고, IT 분야에서 돈을 번 테크 거물이라고 할 수 있습니다. 이후로 그는 다양한 프로젝트에 투자해왔습니다. 일부 암호화폐, 수많은 자선사업, 부동산, 운송, 제약회사……. 아는 사람도 많고 손댄 분야도 많습니다. 그 사람을 스미스 회장이라고 부르기로 하죠.

테크 거물이니 당연히 본인의 기밀 정보를 백업하고 남들 눈에 띄지 않게 보관할 거라고 짐작하기 마련입니다. 나는 컴퓨터 천재는 아니지만 개인정보와 자산에 아무도 접속할 수 없게 온라인에 암호화 시스템을 만드는 것이 그렇게 어려운 일은 아니라고 생각합니다. 특히 인터넷의 절반 정도를 소유한 사람이라면요. 하지만 그런 경우가 아니었네요.

알고 보니 이 억만장자는 자신의 모든 기밀 정보를 마이크로칩에 담아 보안이 튼튼한 자기 집에 보관했던 겁니다. 상당히 구식이지만 불행히도 익숙한 옛날 기술은 통하지 않았습니다. 전날 언제쯤인지는 모르지만 마이크로칩이 사라진 것입니다.

이른 시간에 그를 만나보니(나에게 헬기를 보내겠다는 제안을 웃으며 사양했더니, 그는 아주 멋진 차를 보냈습니다) 수사를 비밀리에 철저히 진행하기를 바랐습니다. 마이크로칩이 도둑맞은 것을 아는 사람은 그 혼자뿐이었고(가져간 사람을 제외하면), 기밀을 계속 유지하고 싶어 했습니다.

유리한 고지를 점하고, 범인이 들키지 않았다는 착각을 하게 만들기 위해서입니다. 처음부터 한 가지는 분명했습니다. 마이크로칩을 원래 주인에게 되돌려주는 일은 국제적으로 중요하며, 빨리 해결해야 한다는 것입니다. 이 억만장자는 고위층에 친분이 있으며, 세계의 지도자, 정치인, 심지어 이름을 입에 올리고 싶지 않을 만큼 뒤가 구린 인물들에 이르기까지 그가 어떤 정보를 갖고 있을지 상상하기란 어렵지 않았습니다.

억만장자는 개인적으로 불미스러운 정보는 아무것도 없지만 아주 민감한 정보가 많다고 알려주었습니다. 나는 그의 말을 있는 그대로 받아들이기로 하고 사라진 마이크로칩을 찾기 시작했습니다.

마이크로칩은 그의 서재와 붙어 있는 안전한 밀실에 보관되어 있었습니다. 이곳은 불청객이 들이닥쳤을 때 대피할 수 있는 패닉룸을 겸하기도 했습니다. 보통 하루 종일 집에 사람들이 드나들지만 상주하는 직원은 단둘이라고 했습니다. 비서와 가사도우미.

먼저 나는 억만장자 본인에게 전날 행적을 물었습니다. 그는 드물게도 오전 일정이 완전히 비어 있었다고 합니다. 수영장 옆에서 느긋하게 아침 식사를 한 다음, 잠시 야외 수영장에 앉아 있었지만 수영은 자제했다고 합니다. 점심 전 부엌에서 비서와 회의를 가졌고, 그들은 오후

1시 직후 집을 나섰습니다. 멘티와 점심을 하고, 그와 비서는 지역 학교에 가서 과학관 개관식에 참석한 다음, 여기로 돌아와 차에서 내렸습니다. 다음 날 일정을 확정하고 나서 그는 대학 친구와 지역 식당에서 저녁을 먹으러 외출했다가 자정 직전 귀가했습니다. 그 외에는 딱히 언급할 만한 일은 없었습니다.

다음으로 나는 에반이라는 비서와 이야기를 나눴습니다. 다만 그게 성인지 이름인지 확인하지 못했음을 나중에야 깨달았죠. 억만장자는 마지막으로 마이크로칩을 본 것이 오후 1시이며 자정에는 이미 사라지고 없었다고 말했기에, 나는 에반에게 그사이 뭘 하고 있었는지 물었습니다.

"대부분은 스미스 회장님과 함께 있었죠. 회장님이 멘토링을 해주고 계신 지역 사업가와 점심식사를 하러 1시쯤 집을 나섰습니다. 그 전 몇 시간은 그 준비를 했고요. 아래층 부엌에서요. 원래 헬기를 타고 가려고 했는데 회장님이 차로 가고 싶어 하셨어요. 차량 담당 직원에게 회장님이 좋아하는 차를 가져오라고 해서 차 지붕을 내리고 갔지요. 저는 회장님의 모임에 자주 동석합니다. 워낙 후한 분이고, 사업상의 결정에 저를 관여시키기도 하시거든요. 저를 오른팔이라고 부르신답니다. 제가 그만한 재목이 되는지는 모르겠습니다만.

점심 식사가 3시 30분쯤 끝나고 저는 스미스 회장님을 모시고 거리가 좀 떨어진 학교 과학관 개관식에 참석했습니다. 회장님은 지역 사람들에게 얼굴 비치는 것을 좋아하시죠. 사람들은 항상 회장님이 경호원을 몰고 다닐 거라고 생각하지만, 상당히 검소하고 소박하게 생활하십니다. 1시간쯤 머물면서 학교를 둘러본 다음 여기로 돌아와서 오늘 일정을 논의했지요. 사실 오늘 아침 1시간쯤 후에 스미스 회장님이 후원하신 대학 신축 건물 개관식에 참석할 예정이었는데, 무슨 일이 있었나 봅니다. 저는 항상 회장님께서 일정을 따르시도록 하고 있지만요. 아무튼 여기 돌아온 시각은 6시쯤이었을 겁니다. 차량 담당한테 차를 넘겼으니 그 사람이 확실히 알겠죠.

스미스 회장님은 저녁에 여기 안 계셨습니다. 오랜 친구와 저녁 식사를 하러 나가셨죠. 저는 8시쯤 야외에서 저녁을 먹었습니다. 가사도우미 로지가 맛있는 샐러드를 만들어주었지요. 날씨가 따뜻했고 차 지붕을 내리고 다니는 바람에 피부가 좀 익었기에 야외 수영장에서 잠깐 쉬다 잠자러 들어갔습니다. 스미스 회장님은 혼자 사십니다. 물론 저와 로지를 제외하면 말이지요. 그래서 회장님이 안 계실 때 저희가 집 시설을 써도 신경 쓰지 않으세요. 사실 집에 계실 때도 저희가 집처럼 쓰도록 배려해주시죠. 정말 친절한 분입니다. 소박하시고. 가끔은 명성과 재산을 낭비하고 계시다는 생각이 들어요. 어마어마한 권력과 엄청난 재산을 가지고도 상당히 평범한 삶을 사시니까요.

저는 10시쯤 잠자리에 들었을 겁니다. 로지에게 잘 자라고 인사하고 위층으로 올라가서, 좋아하는 옛날 드라마를 한 편 봤죠. 잠을 제대로 못 잤어요. 제 방 창문이 끼여서 안 열리는데 말도 못 하게 더웠거든요. 오늘 아침 해 뜰 때쯤 일어나 보니, 회장님은 벌써 일 중독자답게 서재에서 서성이고 계시더군요. 대학 개관식에 참석하러 나가실 준비가 되었는지 여쭤보러 가야겠습니다."

나는 에반에게 시간을 내주어 고맙다고 했습니다. 상당히 일상적인 하루를 보낸 것 같았죠. 스미스 회장이 얘기한 내용과 일치했기에 그가 회장과 다음 일정을 논의할 수 있도록 보내주었습니다.

다음은 로지라는 이름의 가사도우미 차례입니다. 나는 그녀에게 어제 무엇을 하고 있었는지, 그리고 혹시 수상한 사람이 집에 왔었는지 물었습니다.

"수요일이었으니 침구 교체하는 날이었네요. 세탁물은 전부 업체에 맡겨서 깨끗한 새 침구를 받아 침대에 깔았어요. 침실은 8개뿐이랍니다. 사람들은 스미스 회장님이 방이 수십 개 있고 개인 식당이 딸린 호화 저택에 살 거라고 생각하죠. 비록 수영장이 있긴 하지만요. 그리고 헬기 착륙장이랑.

아무튼 스미스 회장님은 어제 점심은 됐다고 하셨어요. 약속이 있어 외출하셨고 에반이 동행했죠. 1시쯤 나갔는데, 그 전에 제가 있는 부엌에서 점심 약속 관련해 간단한 회의를 하셨고요. 회장님이 나가신 직후 1시 30분쯤 세탁업체가 왔고, 그다음 몇 시간은 세탁물을 정리하고 침대 시트를 새로 깔았어요. 전부 저 혼자 했죠. 세탁업체 사람들은 평소대로 물건만 전하고 금방 갔어요. 제가 좀 완벽주의자라 일을 제대로 하고 싶거든요.

오후 4시쯤 창문 기술자가 에반의 창문을 살펴보러 왔어요. 이 더위에 창문이 닫힌 채 고장이 났으니 얼마나 힘들겠어요. 기술자는 1시간쯤 있었는데, 이따 다시 올 거예요. 어제는 필요한 부품이 없어서 창문을 아직 못 고쳤거든요. 차량 담당이 부엌에 와서 아이스커피를 달라고 했지요. 착한 애예요. 대부분은 딱히 할 일도 없어요. 아마 두 분은 학교 방문을 마치고 돌아오던 중이었을 거예요. 오후 6시쯤 두 분이 돌아왔을 때, 차량 담당이 현관으로 급히 나가 인사했던 걸로 기억하네요. 아, 그리고 야외 수영장을 둘러보러 기술자가 왔었어요. 고칠 데가 있어서요. 그게 5시쯤이었죠. 다시 물을 채우러 곧 올 텐데 필요하면 어제 일을 물어보셔도 될 거예요.

저는 에반에게 샐러드를 만들어주었고, 에반은 8시쯤 베란다에서 식사했어요. 스미스 회장님은 오랜 친구와 저녁 식사를 하러 나가셨고요. 저는 안에서 샐러드를 먹고 부엌을 치웠죠. 막 마무리 짓고 있을 때 에반이 와서 잘 자라고 인사했어요. 그게 밤 10시쯤이었어요. 문을 닫고 찬물로 샤워한 다음 잠자러 갔어요. 금방 잠들었는데 자정에 스미스 회장님이 귀가하시는 소리에 깨어났죠.

오늘은 정원사한테 문을 열어주러 일찍 일어났고, 창문 기술자는 나중에 다시 올 거예요. 재미있는 집이랍니다. 온종일 차량 담당자며 세탁 배달이며 운동 트레이너며 손님으로 붐비지만, 저녁이면 그야말로 고요해요. 스미스 회장님은 파티를 즐기는 편이 아니거든요. 저로서는 다행이죠. 그리고 낮 동안에도 유명한 부자들하고 떠들썩하게 어울릴 분은 아니고요. 그건 그렇고, 아이스커피 드릴까요?"

나는 예의 바르게 사양했지만, 그녀가 제공한 정보에 감사의 인사를 했습니다. 그녀는 믿을 만한 사람으로 보였고, 나는 그녀의 상황 설명에 만족했습니다.

용의자로든 아니면 로지의 이야기를 확인하기 위해서든 몇 가지 물어볼 사람이 아직 더 많이 남았습니다. 차량 담당자, 세탁업체, 수영장 기술자, 창문 기술자, 그리고 더 있을지도 모르죠.

하지만 이미 거짓말한 사람을 포착했고, 다음 질문에서 그걸 확인할 겁니다. 지금까지 3명 중 누구의 이야기에 특히 모순점이 있을까요?

89. 새벽에 침입한 도둑

시내 어느 회사 사무실에 이른 아침 누군가 침입했습니다. 도둑은 경보가 울리고 겨우 몇 분 만에 빠져나갔지만, 서둘러 도망치느라 단서를 남기고 말았습니다.

이 사건 현장에서 얼마나 많은 단서를 알아볼 수 있을까요? 명심하세요. 뭐든 제자리에서 벗어났다면 범인을 잡는 데 도움이 될 겁니다.

사무실을 훑어볼 시간은 단 1분입니다. 다음 페이지에서 자신의 기억을 확인하세요.

이제 당신의 관찰력을 테스트할 시간입니다.

1. 원래 노트북 또는 다른 전자기기가 책상 위에 있었음을 말해주는 증거물은 무엇입니까?

2. 현장에 남은 금융 관련 증거물 2개는 무엇입니까?

3. 도둑은 어떻게 도망쳤을까요?

4. 현장의 어떤 것이 칼에 잘렸나요?

5. 현장에는 도둑의 DNA를 채취할 증거물이 여러 가지 있는데, 도둑의 것으로 가장 먼저 확인해볼 만한 증거물은 무엇일까요?

6. 휴지통은 어떻게 되었나요? 휴지통에서 꺼내 책상 위에 두었을 만한 물건이 있나요?

7. 현장의 어떤 점에서 도둑이 필요하다면 폭력을 행사할 수도 있었다는 것을 짐작할 수 있을까요?

8. 현장에 남은 어떤 증거물을 통해 도둑이 사무실에 들어온 경로를 유추할 수 있을까요?

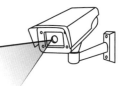

90. 레이저 포커스

귀한 보석이 순회 전시 중입니다. 물론 당신은 이것을 당장 손에 넣어야겠습니다. 전시관 내 수많은 레이저 함정을 피해 경보를 울리지 않고 보석까지 접근할 수 있을까요?

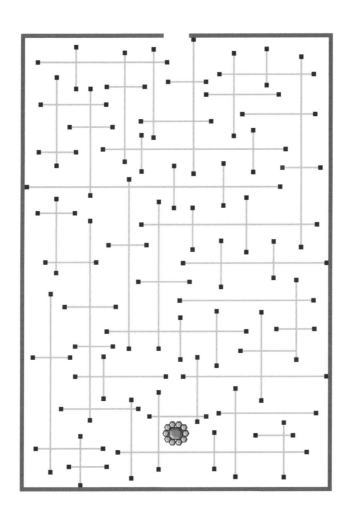

1. 주파수를 찾아라

정확한 주파수는 26으로, 7+9+10의 조합으로만 나옵니다. 다른 수는 전부 여러 가지 조합이 가능합니다.

- 18은 3+7+8 또는 8+10의 조합이 있습니다.
- 22는 3+7+12, 3+9+10 또는 10+12의 조합이 있습니다.
- 30은 3+7+8+12, 3+8+9+10 또는 8+10+12 조합이 있습니다.
- 34는 7+8+9+10 또는 3+9+10+12의 조합이 있습니다.

2. 휴대폰 암호

암호는 4567입니다.

3. 거짓말쟁이, 거짓말쟁이?

해리엇은 거짓말을, 홀리는 진실을 말하고 있습니다.
홀리와 해리엇의 말은 서로 모순되므로 둘 중 한 명은 거짓말하고 있습니다. 둘 중 누구도 거짓말쟁이가 아니라는 해리엇의 증언이 진실이라면, 홀리는 진실을 말해야 하는데 이는 모순이므로 해리엇은 진실을 말하고 있지 않습니다.

그러므로 홀리는 명백하게 진실을 말하고 있습니다. 즉, 홀리는 잡혀온 혐의와 상관없다는 뜻입니다.

4. 화가처럼 그려내기

차이점은 다음과 같습니다.

5. 아파트 범죄

살인자는 아파트 916호에 살고 있습니다.

6. 금고를 열어라

표시에 있는 각 숫자는 그 위에 쓰여 있는 글자의 단어 수와 순서대로 일치합니다. 마지막 두 단어는 'the'와 'safe'이므로, 마지막 2자리 숫자는 3과 4입니다.

7. 분실물로 체포

도둑의 분실물은 가방 E에 들어 있습니다.

투숙객 4는 유일하게 양말을 언급했으므로 가방 D는 이 사람의 것입니다. 그다음 각각 투숙객이 두고 간 물건이 들어 있는 가방을 찾으면 투숙객 3이 가방 C의 주인이며, 투숙객 2는 가방 A를 두고 갔음을 알 수 있습니다. 남은 가방 2개 중에 가방 B만 투숙객 1이 잃어버린 벨트가 들어 있습니다. 그러므로 마지막 남은 가방 E에 도둑의 분실물이 들어 있습니다.

8. 지도에서 찾아라

'X' 표시는 아래 확대된 지도에서 아래쪽 길 끝에 있는 교회에 그려야 합니다.

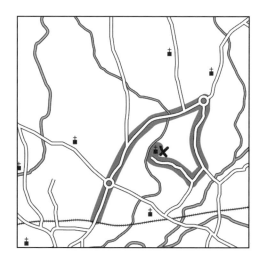

9. 외교관의 실종

배질의 직속 상사는 실종자가 처가 식구에게 아파트를 빌렸다고 말했습니다. 하지만 정부 요인은 배질이 결혼한 적이 없다고 했습니다.

그러므로 처가 식구가 존재할 수 없고, 그 주장을 한 사람, 즉 배질의 상사가 범인입니다. 게다가 상사만 유일하게 배질에 대해 말할 때 과거형을 사용했으므로 그 자체로 이미 수상합니다. 물론 허세를 부리느라 배질 본인이 사생활에 대해 거짓말했을 수도 있습니다. 하지만 이는 가능성 있는 단서입니다.

10. 감시 카메라를 피해라

경로는 다음과 같습니다.

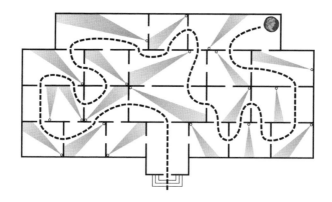

11. 4명의 도둑

처음에 금괴 28개가 있었고, 다음과 같이 분배되었습니다.

177

- A는 16개를 가져갔습니다.
- B는 8개를 가져갔습니다.
- C는 4개를 가져갔습니다.
- D는 하나도 가져가지 못했습니다.

처음에 있었던 금괴 수를 알아내려면, 마지막으로 범인 D가 들어갔을 때 금괴가 하나도 없었다고 말한 것부터 시작해봅시다. 우리는 C가 거기 있던 금괴의 절반과 추가 2개를 가져가면서 금고가 비어버린 것을 알고 있습니다. C가 금괴를 남기지 않으려면 그가 도착했을 때 '남은 것의 절반'이 추가로 가져갈 2개와 같은 숫자여야 합니다. C는 절반(2개)과 추가 2개를 가져갔으므로 총 4개를 가져갔고 아무것도 남기지 않았습니다.

이제 B가 금고에 도착했을 때로 돌아가 봅시다. 금고에 있었을 금괴 수를 계산하려면, C가 도착했을 때 있었던 4개에서 역으로 추산해야 합니다. 4개는 B가 절반에 추가로 2개를 가져간 결과입니다. 그러므로 2에 4를 더하고, 그것을 2배로 합니다. 그러면 B가 도착했을 때는 금괴 12개가 있었다는 것을 알 수 있습니다. B는 절반(6개)과 추가 2개, 총 8개를 가져갔습니다.

B가 도착했을 때 12개가 있었다는 것을 알면, A가 가져간 개수를 계산할 수 있고, 처음에 몇 개의 금괴가 있었는지 알 수 있습니다. 2개를 12개에 더하고, 2배로 하면 28개가 됩니다. 처음에는 금괴 28개가 있었고, A가 절반(14개)과 추가 2개로 총 16개를 가져간 것입니다.

12. 불빛이 알려주는 메시지

창문 불빛은 점자(219쪽 점자표 참고) 메시지를 담고 있습니다. 이 점자는 ANTONIA를 나타내며, 당신이 찾아야 할 사람 이름은 안토니아입니다.

13. 디지털 위장

12자리 암호는 153007051425입니다. 아날로그시계에 나온 시간을 24시간 디지털시계 기준으로 변환해보면 됩니다. 첫 번째 시계는 15:30, 두 번째 시계는 07:05, 마지막 시계는 14:25입니다. 3개의 시간을 결합하면 12자리 암호가 나옵니다.

14. 아파트를 찾아라

아파트 호수는 989입니다. 보통의 산수 계산이 아니라 각 숫자의 디지털시계 폰트 획을 결합해야 합니다.

첫 번째 숫자는 '4'에 '3'의 모든 획을 합한 '9'입니다. 달리 설명하면 2개의 숫자를 겹쳤을 때 어떤 새로운 숫자가 나올까요?

'5'에 '2'를 겹치면 '8', '1'에 '5'를 겹치면 '9'가 나옵니다.

('1'은 7획 숫자 표시에 있어 가장 오른쪽 두 획을 사용한다는 점을 명심하세요).

15. 괴상한 수수께끼

금고 암호는 1257입니다. 나침반 방위 순서를 따라 그리면 한 자리 숫자가 나오며, '반드시 직선으로만 이동한다'는 힌트는 각

방위 사이를 직선으로 그어야 한다는 의미입니다. 첫 번째 자리
는 '북(N)'에서 '남(S)'으로 곧장 내리그으면 숫자 '1'이 됩니다.
그런 식으로 각 방위 사이를 선으로 그으면 '1257'이 됩니다.

16. 어느 집에 있을까?

다음 세 집의 번호는 각각 14, 1, 11입니다.

경사는 범죄자들이 각자 실명 알파벳에서 특정 숫자만큼 뒤에
있는 글자로 소셜미디어 이름을 만들었으며, 그 숫자는 그들의
집 번지수와 일치한다는 것을 알아냈습니다.

그는 소셜미디어 이름 'Bpgrjh Atpgn'가 'Marcus Leary'의 알파벳
을 15개 뒤로 옮겼다는 것을 추리해 마커스 리어리가 하노버 플
레이스 15번지에 살고, Cathy Jaydon은 그린 레인 7번지에 산다
는 것을 알아냈습니다(알파벳을 7개 뒤로 옮기면 Jhaof Qhfkvu).
이 방법을 따르면, Jesse Winton은 페어차일드 애비뉴 14번지에 살
며(알파벳을 14개 뒤로 옮기면 Xsggs Kwbhcb) Helga Smith는 다
크 힐 11번지에 삽니다(알파벳을 11개 뒤로 옮기면 Spwrl Dxtes).

17. 강도를 찾아라

목격자가 묘사한 것은 오른쪽 맨 끝에 있는 사람입니다.

18. 정문 통과하기

정문 암호는 746입니다. 날짜별 지시를 따라 지도에 3개의 길을
그립니다. 길이 완성되면 3개의 숫자가 드러나고 날짜별 순서를

따라 읽으면 암호가 됩니다.

여기 1일부터 3일까지 날짜별 길이 있습니다.

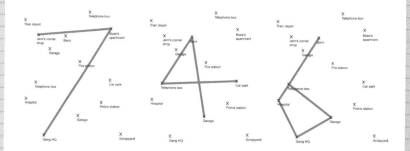

19. 해커를 해킹하라

각 상징은 다음 숫자를 의미합니다.

그러므로 암호는 337357입니다.

20. 다면적 문제

전화번호는 944568533입니다. 각 도형의 가운데 있는 숫자가 전화번호 자릿수이며, 각 도형의 변의 개수가 해당 자릿수의 전화번호 숫자입니다. 예를 들어 '1'이 구각형에 쓰여 있으므로, 첫 번째 자릿수는 '9'입니다.

21. 악인의 휴가

1. 첫 번째 장소는 프랑스 에펠탑입니다.

2. 두 번째 장소는 미국에 있는 자유의 여신상입니다.

3. 세 번째 장소는 일본의 후지산입니다. 유명한 츄레이토 탑의 일부가 사진 가장자리에 보입니다.

22. 고전적 통신

희생자의 이니셜은 ALH입니다. 입을 무시하고 이모티콘의 눈을 보면 모스부호로 해석 가능하며, 메시지 하나당 글자 하나입니다. 첫 번째 이모티콘은 '· -'로, 'A'입니다. 두 번째 이모티콘은 '· - - ·' 즉 'L'이고, 마지막은 '· · · ·'로 'H'입니다. 마지막 메시지 '선 긋고, 확실하게 점 찍기!'는 모스부호(218쪽 참고)를 사용해야 한다는 힌트입니다.

23. 속삭인 말

1. 범죄자들은 다이아몬드에 관심을 보였습니다.

2. 그들은 도주 차량으로 포드 몬데오를 사용할 계획입니다.

3. 강도 사건은 본드가에서 벌어질 것입니다.

4. 강도 사건은 2명, 남자와 여자가 계획하고 있습니다.

5. 상담은 오후 3시로 예약되어 있습니다.

6. 부패한 은행가는 메이페어에 있습니다.

24. 암호 찾기

암호는 'Einstein'(또는 'EINSTeIN')입니다. 힌트는 원소주기율표(220쪽 참고)에서 답을 찾으라는 의미입니다. 첫 번째 글자 E 다음 힌트에 있는 숫자는 화학원소의 원자번호로 해당 원소 기호로 답을 얻어냅니다.

- 53 = I(아이오딘)
- 7 = N(질소)
- 16 = S(유황)
- 52 = Te(텔루륨)
- 53 = I(아이오딘)
- 7 = N(질소)

25. 독약을 선택하라

탈륨이 사용되었을 가능성이 가장 높습니다. 아마 라자냐 속에 넣었을 겁니다. 보스는 맛이 평소와 같았다고 했으니, 쓴맛을 지닌 아트로핀은 제외할 수 있습니다. 보스가 섭취 후 며칠간 살아 있었으니 스트리크닌과 청산가리도 제외합니다. 탈모는 독극물이 비소 또는 탈륨이었음을 시사합니다. 그리고 발의 통증을 고려하면, 탈륨일 가능성이 가장 높습니다.

26. 건물 비밀번호

비밀번호는 847입니다.

완성된 스도쿠는 다음과 같습니다.

4	3	8	2	7	5	1	6	9
7	9	1	3	6	4	2	5	8
2	6	5	9	1	8	3	7	4
8	2	6	5	9	1	7	4	3
1	5	3	**8**	**4**	**7**	9	2	6
9	4	7	6	3	2	5	8	1
6	7	4	1	5	3	8	9	2
5	1	2	4	8	9	6	3	7
3	8	9	7	2	6	4	1	5

'가운데 줄, 왼쪽에서 오른쪽, 3자리'라는 지시를 따라 3자리 숫자 847이 나옵니다. 이걸로 문을 엽니다.

27. 위험한 전화번호

동료의 전화번호는 583 164 792입니다. 스도쿠 해답은 아래에 있으며, 이것은 5로 시작하는 유일한 가로 9자리 숫자입니다.

4	7	1	9	3	2	6	5	8
5	**8**	**3**	**1**	**6**	**4**	**7**	**9**	**2**
6	2	9	7	8	5	3	4	1
9	1	8	4	7	6	5	2	3
7	6	5	2	9	3	8	1	4
3	4	2	5	1	8	9	6	7
2	9	6	3	4	7	1	8	5
1	3	4	8	5	9	2	7	6
8	5	7	6	2	1	4	3	9

28. 금고 열기

계좌 비밀번호는 628,762,814입니다. 스도쿠는 다음과 같이 풀수 있으며, 합이 44가 되는 대각선입니다. 퍼즐 아래 주어진 접근 암호의 시작 숫자 '4'를 기초로 어느 방향으로 읽을지 알 수 있습니다.

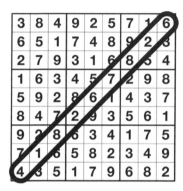

29. 배반?

보안 코드 번호는 6482입니다. 스도쿠 해답은 다음과 같습니다.

9	3	2	7	8	6	1	4	5
7	1	4	2	9	5	3	8	6
6	8	5	4	3	1	2	9	7
8	7	3	1	5	4	6	2	9
2	6	1	3	7	9	8	5	4
4	5	9	8	6	2	7	3	1
1	4	8	5	2	7	9	6	3
5	2	6	9	1	3	4	7	8
3	9	7	6	4	8	5	1	2

동료가 준 마지막 단서 '맨 아래도'로 4자리 코드를 찾을 수 있으며, 마지막 줄의 짝수를 골라내야 합니다. 왼쪽에서 오른쪽으로 읽으면 코드 6482가 나옵니다. 그럼 이제 들어갑니다.

30. 이름 찾기

다음 목표는 구겐하임 미술관입니다.

각 이름 옆의 '날짜'는 목록의 각 줄에 있는 이름과 성에서 각각 몇 번째 글자를 따와야 할지 알려줍니다. 첫 번째 줄의 날짜는 01/02이므로, 이름에서 첫 번째 글자와 성에서 두 번째 글자를 가져오면 'G'와 'U'가 됩니다. 이런 방식으로 계속하면 장소명 전체 철자가 나옵니다. 'GUGGENHEIM(구겐하임)'.

불행히도 이건 큰 도움이 되지 못합니다. 구겐하임 미술관은 전 세계에 다섯 군데가 있으며, 그들이 무슨 계획을 세우는지 어디를 노리는지 알지 못합니다. 이번에는 그냥 빠져나가게 생겼군요…….

31. 도둑맞은 꽃

하단 왼쪽 사진에 나온 꽃은 여기에 있습니다.

32. 배신자는 누구?

레온은 거짓말하고 있는 것이 거의 확실합니다.

사라는 달리기 시작할 때 레온의 집 창문을 들여다보았는데 불이 모두 꺼져 있었다고 말했습니다. 하지만 레온과 자크는 둘 다 그날 밤 레온 집에 암막 블라인드를 내려놓았다고 말했으며, 레온이 일어났다고 주장한 오전 8시까지 그대로 닫혀 있었습니다. 그게 사실이라면 사라는 안을 들여다보고 불이 전부 꺼진 것을 볼 수 없어야 합니다. 사라의 말이 사실이라면 블라인드는 올라가 있었고, 그렇다면 레온은 수면 시간에 대해 거의 확실히 거짓말하고 있습니다. 자크가 그 시간 사라와 있었기 때문에 사라가 레온에게 전화했다는 것은 확실합니다.

사라와 자크는 둘 다 상당히 견고한 알리바이가 있고, 한밤중에 게임을 했다는 자크의 주장을 사라가 증명할 수 있음을 자크는 아예 몰랐다는 사실로 더욱 견고해집니다. 자크는 자신이 메시지를 보낸 상대가 사라임을 몰랐고, 사라가 자신을 온라인상에서 볼 수 있다는 것도 몰랐습니다. 사라와 자크가 둘 다 거짓말을 하고 있으며 서로 알리바이를 만들어주고 있을 가능성도 있지만, 어느 쪽이든 단서가 생겼습니다. 이제 당신과 마틴은 단서를 좀 더 찾아내 누가 배신자인지 알아내야 합니다.

33. 현장 청소

살인 흉기는 벽난로 위 조각상이며, 핏자국이 묻어 있습니다. 게다가 7개의 핏자국이 더 있습니다. 또한 그림 뒤에 비밀 금고가

187

있는 듯하며, 귀중품이 들어 있을 것으로 짐작됩니다 ― 아마도 범죄자들은 이것을 노렸을 것입니다.

34. 진짜? 가짜?

와인 이름 밑에 현대 저작권 기호가 있습니다. 이 저작권 기호는 20세기 초까지 개발되지 않았습니다. 다른 방식의 저작권 표시가 17세기 후반부터 쓰이기는 했지만요.

35. 깨진 코드

3자리 암호는 506입니다. 각 줄의 왼쪽과 오른쪽 그리드를 겹치면 다음과 같은 숫자가 나타납니다.

36. 신호 코드

실행 날짜는 2022년 5월 31일입니다.

메시지 전체에 모스부호가 각 문단마다 문장부호의 점과 줄 형태로 숨겨져 있습니다. 모스부호는 제목과 마찬가지로 '신호 코드'이며, 내용 끝의 '모스'를 통해 직접적으로 암시를 주고 있습니다. 또한 각 문단마다 점과 선이 5개씩 있으며, 이는 8개의 문단이 모스 숫자로 변환된다는 의미입니다. 예를 들어 첫 번째 문단에는 점 3개와 줄 2개가 있으며 순서대로 읽으면 '· · ·--'이고 모스부호로 '3'입니다.

각 문단의 문장부호를 보면 다음과 같은 숫자가 나옵니다.

- · · - - -   = 3
- · - - - -   = 1
- - - - - -   = 0
- · · · · ·   = 5
- · · - · -   = 2
- - - - - -   = 0
- · · - · -   = 2
- · · - - -   = 2

31052022가 나오고, 2022년 5월 31일이 됩니다.

37. 붉은 루비

38. 드론 정찰

빠진 구역은 36제곱미터입니다. 가장 작은 방부터 봅시다. 넓이가 12제곱미터에 폭 3미터이므로 길이는 4미터입니다. 중간 크기의 방은 넓이가 25제곱미터이며 정사각형이라고 했으니 모든 변의 길이가 5미터일 것입니다.

가장 큰 방의 폭을 계산하려면 창고 바닥 폭 9미터에서 5미터를 뺍니다―그러면 가장 큰 방의 폭은 4미터가 됩니다. 가장 큰 방의 길이는 작은 방과 중간 방의 길이인 4미터와 5미터를 더해 9미터가 나옵니다.

가장 큰 방의 넓이는 4×9미터로 36제곱미터가 됩니다.

39. 현장에 남긴 증거

지문은 다음과 같이 연결됩니다.

40. 도주용 차량

정확한 차량 번호는 RT65 OCN입니다(오른쪽, 6번째).

41. 사이버 사기

DaLLaS21는 부풀려서 말하고 있는 것 같습니다. 비록 다양한 증언이 서로를 뒷받침하고 있지만, 시간대가 전부 일치하지는 않습니다. 그리고 DaLLaS21의 설명은 따로 놀고 있습니다.

각 지원자의 말에 따르면, 그들의 고용 시기는 다음과 같습니다.

DaLLaS21
- 10년 전 : 하이라이츠를 창업하고 GamerGirl을 고용
- 7년 전 : GamerGirl이 하이라이츠를 떠나고 경찰에 의해 사이트 폐쇄
- 3년 전 : 커리어 휴식기를 끝내고 TOBI45와 일하기 시작

HintHint404
- 4년 전 : 갱단과 일하기 시작
- 1년 6개월 전 : 갱단을 떠나 휴식
- 1년 전 : 휴식을 끝내고 GamerGirl과 사이버 보안 회사를 세움
- HintHint404에 따르면, GamerGirl은 하이라이츠와 6년 전에 일하기 시작 — HintHint404가 갱단에서 일하기 2년 전

GamerGirl

- 6년 전 : 하이라이츠에서 일하기 시작
- 3년 전 : 하이라이츠를 떠나고 경찰에 의해 사이트 폐쇄. TOBI45에게 연락받고 그와 함께 웜홀 일을 시작
- 2년 전 : TOBI45가 웜홀을 폐쇄할 때 떠나 하이라이츠의 라이벌 회사를 세워 사기를 시작
- 1년 전 : 라이벌 업체를 닫고 HintHint404와 사이버 보안 업체 시작

TOBI45

- 6년 전 : 웜홀 창업
- 3년 전 : 웜홀 마지막 한 해 GamerGirl 고용
- 2년 전 : 4년 운영 끝에 웜홀 닫음
- 2년 전 : 하이라이츠 창업자와 일하기 시작
- TOBI45의 말에 따르면 그와 DaLLaS21는 이전 사기를 대략 같은 시기인 6년 전에 시작

DaLLaS21는 하이라이츠를 운영한 시간에 4년을 더하고, TOBI45와 일한 시간에 1년을 추가했습니다. 그의 이력서에는 심각한 공백이 여기저기 있고 정직한 사람으로 보이지 않습니다. 그러므로 아무래도 그는 합격시키지 말아야 할 것입니다.

42. 돈, 돈, 돈

오른쪽 페이지 상단의 주화는 왕관을 쓰고 있는 하드리아누스입니다. 하지만 진짜 고대 로마 주화에서는 이런 식의 왕관을 쓰지 않습니다(최소한 하드리아누스 이후 수백 년 동안). 이따금 월계관을 쓰는 정도입니다.

43. 수수께끼의 제보

암호화폐로 돈세탁을 한 계좌 잔액은 900만 달러입니다.

계좌 3개의 백만 단위 숫자를 곱한 값이 36이라면 계좌에는 항상 정수가 있다는 뜻이며, 여기에서 3,600만이 나오는 조합을 찾아낼 수 있습니다. 또한 계좌 3개의 잔고 합의 백만 단위 숫자가 오늘 날짜이고, 퀴즈 속 주인공은 그 날짜를 알고 있습니다. 하지만 독자들은 어떻게 그 날짜를 풀어낼 수 있을까요? 결정적인 포인트는 이야기 주인공이 두 번째 이메일이 올 때까지 계좌 총액을 몰랐다는 것입니다. 액수가 '가장' 많은 계좌 하나가 있다는 정보는 여러 가지 가능성 중에서 선택하는 데 도움이 됩니다.

여러 가능성이 나올 수 있는 날짜는 하나뿐입니다. 13일. 3개의 숫자를 곱해 36이 나올 수 있는 모든 조합 중에, 더해서 총합이 똑같은 조합은 2가지뿐입니다. $1 \times 6 \times 6$과 $2 \times 2 \times 9$는 숫자의 총합이 둘 다 13입니다. 그러므로 오늘은 13일입니다. 여기에서 불법 자금은 가장 잔액이 많은 계좌에 있다는 정보를 이용하여 900만 달러가 들어 있는 계좌를 선택할 수 있습니다.

이 익명의 제보를 믿을지 말지는 당신의 선택에 달려 있습니다.

44. 보안 카메라를 막아라

비밀번호는 맨 마지막 줄입니다. 19 – 53 – 3 – 7 – 23. 다섯 줄 가운데 전부 더했을 때 100이 되지 않는 것은 이것뿐입니다.

- 42 + 19 + 23 + 7 + 9 = 100
- 31 + 45 + 2 + 18 + 4 = 100
- 62 + 4 + 17 + 10 + 7 = 100
- 28 + 40 + 9 + 8 + 15 = 100
- 19 + 53 + 3 + 7 + 23 = 105

45. 정체를 숨겨라

1. 당신의 성은 바텔리입니다.
2. 카르텔 보스는 해리 브라운입니다.
3. 당신 어머니는 스코틀랜드 출신입니다.
4. 교도소에 갔을 때 당신 나이는 24세입니다.
5. 당신은 선금으로 전체 수수료의 3분의 1인 2,500달러를 받습니다.
6. 당신은 리버풀에서 자랐습니다.

46. 삼형제의 진실

마르코가 거짓말쟁이고, 알레산드로는 항상 진실을 말하며, 마테오는 가끔 거짓말합니다.

가장 먼저 알아챈 점은 마르코와 마테오 둘 다 알레산드로를 가끔 거짓말하는 사람으로 지목했다는 것입니다. 이건 사실일 수 없습니다. 이게 사실이라면 둘 중 한 명이 거짓말쟁이면서 알레산드로의 정체만 사실을 말했다는 불가능한 상황이 되기 때문입니다. 가끔 거짓말하는 사람 후보에서 알레산드로를 제외하면, 나머지 두 형제는 둘 다 거짓말을 했기에 정직한 사람일 수 없습니다. 그러므로 알레산드로가 진실만 말하는 사람입니다. 이걸 알아내면, 그의 발언을 진실로 받아들일 수 있습니다. 마테오는 때로 진실을 말하며(비록 지금은 거짓말했지만), 그러면 마르코가 항상 거짓말하는 쪽입니다.

47. 가지 않은 길

대로를 피해 택할 수 있는 도주 경로는 다음과 같습니다.

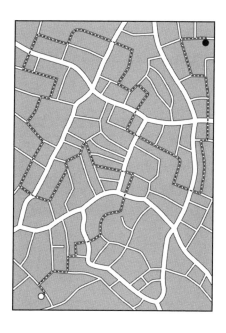

48. 탈옥 계획

• 탈옥 계획은 금요일 오후 3시에서 4시 사이입니다. 주말이 아니며(일요일 면회 제외) 오전이 아닌(수요일 면회 제외) 금요일 면회가 그때입니다.

• 탈옥 날짜는 6월 8일 금요일입니다. 이번 주가 4일 월요일 시작이므로 금요일은 8일입니다.

• 후문을 사용하게 됩니다 : B가 옆문은 아니라고 했고, C는 정문을 이용하지 말라고 했습니다.

• B가 도주 차량을 운전합니다 : A는 운전을 하지 않으며, C는 문을 원격으로 연 후 내부에 남아 있어야 합니다.

49. 다이아몬드는 어디에?

다이아몬드는 집의 거실에 숨겨져 있습니다. 집 전체 평면도를 확보하고 나면 알아보기 쉽습니다. 풀고 나면 아래의 평면도가 드러납니다.

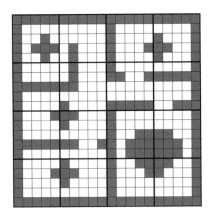

이것을 방 이름이 적힌 네모 칸 위에 겹칩니다. 하나를 제외하고 모든 방에 십자(+) 표시가 있으며 이는 아무것도 숨겨져 있지 않다는 뜻입니다. 다이아몬드 같은 그림이 있는 유일한 방은 거실입니다. 그러므로 여기가 보석이 숨겨진 장소일 것입니다.

50. 한붓그리기

비밀번호는 272 159 726 749 194입니다. 완성했을 때 선의 경로는 다음과 같습니다.

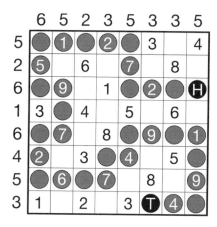

51. 동물 옮기기

먼저 여우원숭이를 차에 싣고 본부로 갑니다. 살쾡이든 사료든 여우원숭이와 같이 둘 수는 없으니 데려가야 합니다. 본부에 여우원숭이를 두고, 사료 자루를 가지러 갑니다. 사료를 본부에 가져다 놓고, 다시 여우원숭이를 차에 싣습니다. 사료와 같이 본부에 둘 수 없으니까요. 동물보호구역으로 돌아가서 여우원숭이와 살쾡이를 바꿔 신습니다. 살쾡이를 본부에 내려놓고(살쾡이는 사료를 탐내지 않을 테니), 마지막으로 돌아가 여우원숭이를 데리고 본부로 복귀해 임무를 완수합니다. 또한 살쾡이와 사료를 가져가는 순서는 바꿔도 가능합니다. 하지만 여우원숭이는 설명대로 오고 가야 합니다.

52. 비밀번호의 단서

비밀번호는 PORTAL입니다. 지시와 방향은 영어 쿼티 키보드를 따라 움직이면 됩니다(222쪽 참고). 키보드의 P부터 시작하여 '누르기' 해서 P를 입력합니다. 그다음 왼쪽으로 1칸 이동하여 (O) '누르기' 하고, 왼쪽으로 5칸 이동하고(R), 같은 식으로 반복합니다.

53. 보석을 찾아라

도둑맞은 10가지 물건은 원으로 표시되어 있습니다.

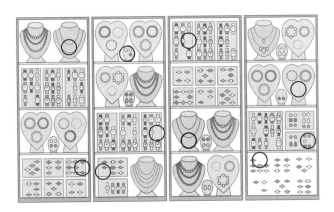

54. 조직의 배신자

앤더스가 거짓말하고 있는 것 같습니다. 먼저 그는 토요일 오후 차를 수리 센터에 맡기고 일요일 오전에 찾아왔다고 말했습니다. 플린은 앤더스가 토요일 밤 흠집 난 차에 자기를 태워주었다고 말했는데, 수리 센터에 차를 맡겼다면 불가능한 일입니다. 마찬가지로 멜은 자신과 새미가 자정 지나 흠집 난 차를 친구와 타고 가는 앤더스를 보았다고 말했고 이것은 플린의 이야기와 일치합니다. 그러므로 앤더스가 말한 자기 차의 행방과, 본인이 자정에 집에 있었다는 말은 진실일 수 없습니다.

다른 사람들이 한 말과 맞아떨어지지 않는 추가 단서가 또 하나 있습니다. 새미와 플린은 공원에서 서로를 보았고 둘 다 날씨가 좋았다고 암시합니다. 두 사람은 반바지, 하와이안 셔츠와 선글라스 등을 착용했습니다. 또한 좋은 날씨에 대해 몇 번 언급했습니다. 이는 정원에서 햇볕에 그을렸다는 멜의 말과도 일치합니다. 반면 앤더스는 공원에 있다 정오쯤 비가 내리기에 집으로 돌아갔다고 했습니다. 그러고는 오후에는 빨래를 널었다고 했으니 앞뒤가 맞지 않습니다.

마찬가지로 그들의 말에 따르면 앤더스, 새미, 플린은 모두 동시에 작은 공원에 있었다는데, 새미와 플린만 서로를 보았습니다. 아무래도 앤더스는 아예 공원에 가지 않았고 날씨는 화창했으니 공원을 '떠날' 이유를 지어낸 것으로 보입니다.

물론 앤더스가 전날과 날씨를 혼동했을 수도 있으나, 그의 주말 일정은 몇 군데 앞뒤가 맞지 않습니다. 앤더스는 이야기를 제대로 하지 않았고, 보스를 배신하려다 들킨 것 같군요.

55. 저택 방문

• 수영장이 있는 곳은 스포츠 스타의 소유이며, 메릴본에 있는 외딴 집입니다. 마지막 문자에 따르면 이곳이 도둑이 노리는 집입니다.

• 루프톱 바가 있는 곳은 가수의 소유이며, 메이페어에 있는 아파트입니다.

• 테니스 코트가 있는 곳은 배우의 소유이며, 마이다 베일의 테라스가 있는 집입니다.

56. 눈에 띄는 차이

점선으로 표시된 부분에서 볼 수 있듯이 위조지폐는 2개의 다른 일련번호가 찍혀 있습니다.

57. 대탈출

당신은 42시간 후 탈출할 수 있습니다. 그 시간 동안(그리고 마지막 근무 교대까지 포함하여), 2시간 근무 경비원은 21회 교대, 3시간 근무 경비원은 14회 교대, 3시간 30분 근무 경비원은 12회 교대합니다. 총합하면 47회 교대가 이루어집니다.

58. 피싱 사기

- CJ는 은퇴한 우체국 직원이며, 전화로 암호화폐 관련해서 연락할 예정
- MP는 소프트웨어 엔지니어이며, 우편물로 건강보험 관련해서 연락할 예정
- ZN은 정부기관에서 일하며, 이메일로 은행 계좌 관련해서 연락할 예정

59. 웜홀

아니요. 웜은 75분(15분 구간 5개 후) 만에 컴퓨터 5에 도달합니다.

- 처음 15분 동안, 웜은 컴퓨터 1의 데이터 1TB를 파괴합니다.
- 두 번째 15분 동안, 웜은 또 1TB를 먹어치우고(직전 세션과 동일), 추가로 2TB를 더해 총 3TB를 파괴합니다. 그러므로 30분 후 총 4TB를 없애버립니다. 이는 컴퓨터 1의 전체 용량입니다.
- 세 번째 15분 동안, 웜은 3TB를 먹어치우고(직전 세션과 동일), 추가로 2TB를 더해 총 5TB를 파괴합니다. 그러므로 45분

후, 컴퓨터 1의 전체 용량과 컴퓨터 2의 메모리 5TB를 먹어치웁니다. 총 9TB.

- 네 번째 15분 동안, 웜은 5TB를 먹어치우고(직전 세션과 동일), 추가로 2TB를 더해 총 7TB를 파괴합니다. 그러므로 1시간 후, 컴퓨터 1의 전체 용량(4TB), 컴퓨터 2의 전체 용량(5.5TB), 컴퓨터 3의 용량 중 6.5TB를 먹어치웁니다. 총 16TB.

- 다섯 번째 15분 동안, 웜은 7TB를 먹어치우고(직전 세션과 동일), 추가로 2TB를 더해 총 9TB를 파괴합니다.

그러므로 1시간 15분 후, 컴퓨터 1의 전체 용량(4TB)과 컴퓨터 2의 전체 용량(5.5TB), 컴퓨터 3의 전체 용량(8TB)과 컴퓨터 4의 전체 용량(7.5TB)을 먹어치웁니다. 총 25TB.

- 75분이 지나면 당신의 금융 정보가 저장된 컴퓨터 5에 다다르게 됩니다. 결국 당신은 너무 늦어서 막지 못합니다.

60. 바이러스를 잡아라

범죄 용의자의 좌표는 목록 중 첫 번째입니다 : 34°44'32.8"N 149°19'24.3"W

- 22°28'26.8"N 48°28'24.6"W는 짝수만 있습니다.
- 4°09'16.8"S 178°01'47.1"W는 남반구에 있습니다.
- 41°40'48.0"S 12°08'24.8"W는 남반구에 있습니다.
- 81°50'58.1"N 138°52'03.5"W는 최북단 위치입니다.
- 55°15'53.9"N 31°17'37.5"W는 홀수만 있습니다.

61. 용의자 퍼레이드

범인은 두 번째 줄의 첫 번째 사람입니다. 사람들을 순서대로 1 2 3 4(위), 5 6 7 8(중간), 9 10 11 12(아래)로 번호를 붙인다면 다음과 같은 순서로 제외할 수 있습니다.

1. 2, 4, 6, 12 제외

2. 10 제외

3. 8, 9 제외

4. 3 제외

5. 7 제외

6. 1, 11 제외

7. 남은 5가 범인입니다.

62. 해결 후 쪽지는 태울 것

당신이 비행기에 탑승할 공항은 뉴욕의 JFK공항입니다. 풀어보면 이런 모양이 됩니다.

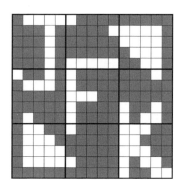

63. 악플러에게 먹이를 주지 마시오

• rude_hanna의 실명은 아나 헤르모사입니다. 그녀는 인스타그램에 게시물을 올리며 부에노스아이레스에 삽니다.

• 80schild의 실명은 샘 베넷입니다. 그는 트위터에 글을 올리고 뉴욕에 삽니다.

• Tiny247의 실명은 뤽 듄입니다. 그는 페이스북에 글을 올리고 런던에 삽니다.

64. 천재적 소통

907154. 문자에 있는 문장부호는 쿼티 키보드의 숫자에 대응합니다. 먼저 첫 번째 문자의 '자판 입력'에 주목합니다. 다음으로 세 번째 문자는 문장부호에 주의하라고 합니다. 그리고 다섯 번째 문자에서 시프트를 풀라고 합니다.

당신이 해야 할 일은 문자에 사용된 문장부호를 자판에서 찾아내고, '시프트'를 풀어 같은 키에 해당하는 숫자를 찾아내는 것입니다. 예를 들어 두 번째 문자의 '&'에서 '시프트를 풀면' 7이 나옵니다. SHIFT 키와 7을 누르면 '&'이 나오니까요.

문자에는 문장부호 6개가 나오므로 필요한 숫자 6자리와 일치합니다. 순서대로 풀면 다음과 같습니다.

• (= 9
•) = 0
• & = 7

- ! = 1
- % = 5
- $ = 4

그럼 코드는 907154입니다.

65. 공포의 문신

일치하는 도안은 하단 맨 왼쪽에 있는 3개의 나선으로 이루어진 도안입니다. 상체 중앙의 해골 입에 있습니다.

66. 선로를 따라서

접근 코드는 34 512 727 258입니다. 풀어보면 선로는 다음과 같이 그려집니다.

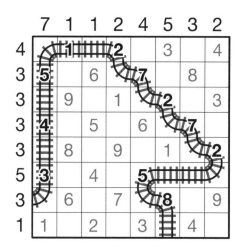

67. 병 속의 메시지

개별 라벨의 첫 줄은 월요일부터 금요일까지 요일에 들어간 자음과 모음을 뒤섞은 것입니다. 요일 순서대로 병을 늘어놓으면 두 줄이 문장으로 이어져 메시지를 읽을 수 있습니다.
'찾는 사람은 뉴 거리 호텔 파라다이스 27호에 있다'.

68. 예고된 범죄

범죄 현장에 남겨진 쪽지를 말 그대로 해석하세요. 'HINT'에 있는 모든 것을 버리라고 했으니, 아래 나열된 글자에서 'HINT'의 알파벳을 모두 지웁니다. 그러면 '반 바 도어맨'이 남습니다. 당신이 정보를 물어야 할 사람의 이름과 일하는 장소입니다.

69. 수상한 신입

문자는 해당 숫자의 키를 여러 번 누르면 다른 글자로 변하는 천지인 키보드(223쪽 참고)를 이용하여 암호화했습니다. 각 숫자 키를 누르는 횟수에 따라 나타나는 문자에 대응하면 됩니다.
예를 들어 4 = ㄱ, 44 = ㅋ, 444 = ㄲ입니다.
이 시스템을 따르면, 문자 메시지는 다음과 같이 해독할 수 있습니다.

조직 잠입
계획 진행
오후 6시 만나

70. 쓰레기통을 뒤져라

표시된 곳에 권총이 숨겨
져 있습니다.

71. 탈출 경로를 찾아라

경로는 다음과 같습니다.

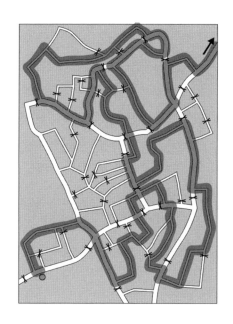

72. 수수께끼의 메시지

금고 비밀번호는 97885입니다. 이메일 제목에서 힌트를 준 대로, '강조한 부분을 전부 헤아려야' 합니다. 여기서는 작은따옴표 부분을 말합니다. 각 문단의 강조한 부분 글자 수가 해당 문단의 비밀번호 숫자입니다.

무엇보다 명심해야 할 것은 우리가 번 돈은 '모두' 신뢰 관계에 있는 '돈세탁업자'에게 보낸 다음 '수입'으로 기록해야 한다. (9) 급료는 수시로 검토한다. 다른 사람과 똑같이 벌 거라는 기대는 '접어라'. 시간을 들여 신뢰를 얻고, '노력해서' 올라가라. (7) 우리 '본부'(런던에 위치)에는 모든 '행정 기록'이 남아 있으므로 어떤 대가를 치르더라도 장소를 '비밀'로 해야 한다.(8) '사기', '절도', '협박', '폭력' 등을 통해 번 모든 수입은 즉시 신고해야 한다. 신고되지 않은 자산을 소지한 자는 즉시 처벌된다.(8) 우리는 이 지역 내의 유일한 조직원이 아니므로, 모든 현금, 보석과 귀중품은 우리 금고에 보관해야 한다. 비밀번호는 이미 너희가 갖고 있으니 찾아내기만 하면 된다. 이 '이메일'의 각 '문단'마다 비밀번호 한 자리가 숨겨져 있으니 주의해서 읽어라. 제목을 보면 방법을 알 것이다.(5)

73. 번호를 풀어라

아이타나 클레멘슨이 범인입니다. 쪽지 맨 아래 자모가 힌트입니다. 쪽지는 글자=숫자 암호로 쓰였으며, 각 자음과 모음이 숫자로 대치됩니다.

ㄱ=1, ㄴ=2, ㄷ=3 이런 식으로 ㅡ=23, ㅣ=24까지 이어집니다. 쪽지 암호를 풀면 다음과 같이 나옵니다.

이름이 '아'로 시작되는 사람

74. 2진법 암호

숨겨진 메시지는 다음과 같습니다.

파리

가르 뒤 노드 1745H

'2진법' 숫자는 나열된 문자 중에서 어떤 글자를 남겨두고 어떤 글자를 빼야 할지 표시하고 있습니다. '0'은 문자 나열에서 해당 위치의 글자를 지우라는 표시이며, '1'은 해당 위치의 글자를 남겨두라는 의미입니다. 그러므로 마지막 줄 'A1T7M4G5WRH'에 숫자 '01010101001'을 대응하면 '1745H'가 나옵니다.

75. 인터넷 도둑

40424713007911. 괄호로 나뉜 대로 각각 다음과 같습니다.

- 404 : 인터넷 브라우저의 오류 코드, '404 페이지를 찾을 수 없습니다'
- 24/7 : 하루 24시간, 일주일 7일

- 13 : 13일의 금요일
- 007 : 제임스 본드의 MI6 암호명
- 911 : 미국 응급 전화번호

76. 나에게 남긴 메모

비밀번호는 '917284'입니다. 숫자는 특정 조합 단어 사이에 숨겨져 있습니다. 예를 들어 '일곱'은 '요일'과 '곱빼기'에서 찾을 수 있습니다. 세 번째 열의 숫자는 첫 번째 열과 두 번째 열에서 가져와야 할 글자의 자음과 모음 합이 각각 몇 개씩인지 알려주고 있습니다. 두 번째 세로줄을 제외한 첫 번째와 세 번째 세로줄은 단어가 제대로 된 순서로 나열되어 있으므로, 그걸 기초로 하여 각 숫자에서 무슨 글자가 빠졌는지 풀어볼 수 있습니다. 예를 들어 첫 번째 행에서 첫 번째 열은 '복숭아'이고 세 번째 열은 (2, 3)입니다.

그러므로 복숭아에서 끝의 글자 '아'를 가져오고 두 번째 열의 단어 중 첫 글자의 자음과 모음의 합이 3개인 단어와 매치하여 숫자를 만듭니다. '복숭아'는 '흅되'와 매치하여 '아홉'이 나옵니다.

이런 식으로 단어를 모두 매치하고 숫자를 읽어 내려가면 비밀번호 전체가 나옵니다.

복숭아 + 흅되 = 아홉

부하 + 나방 = 하나

요일 + 곱빼기 = 일곱

완두 + 울상 = 두울(둘)

급여 + 덜거덕 = 여덜(여덟)

지네 + 엣지 = 네엣(넷)

77. 전화번호를 알려줘

이메일 제목에서 나온 힌트대로 찾아야 할 것은 '첫째'입니다. 각 문장의 첫 글자를 따오면 전화번호 '7249431524'가 나옵니다.

칠칠(7)지 못하게 온라인상의 강탈자를 간과해선 안 됨. 이(2)쪽 비밀요원들에게는 신규 정보가 자연스럽게 제공될 것. 사(4)적 행동은 제한. 구(9)별될 만한 행적을 보이는 정보원을 색출. 사(4)방팔방 신중하게 살필 것. 삼(3)엄한 경계가 필요. 일(1)방적인 지시는 사양. 오(5)해 없도록 확실하게. 이(2)대로 끝까지 함께. 사(4)기 작전 결행.

78. 고가품 절도

수색해도 가장 의심을 사지 않으면서 값어치가 가장 많이 나가는 물건은 자동차 열쇠입니다. 갖고 있어도 이상하지 않으며 자동차를 몰고 달아날 수 있습니다. 운이 좋다면요.

그림과 도자기 등은 고가라 해도 식별하기 쉬울 것이므로(그리고 처분하기 무척 어려움) 더 일반적인 물건을 택하는 것이 낫습니다. 트로피도 고가품일 수 있지만 사진만 봐서는 판단하기 어렵고, 개인에게 주어진 상이라면 식별하기 너무 쉽습니다.

그 외에 가장 값진 물품은 다음과 같습니다.

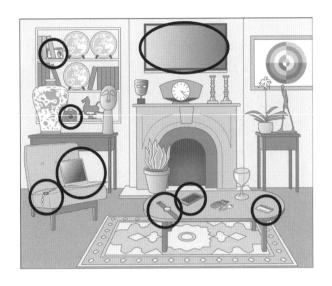

79. 믿을 수 없는 목격자

시계는 3시 45분 직전을 가리키고 있고, 이는 저녁에 유리 깨지는 소리를 듣고 도둑이 도망치는 모습을 봤다는 목격자의 증언과 일치하지 않습니다.

80. 위험한 실험

아나 드 라 셀바라는 사람을 체포해야 합니다. 4개의 화학물질은 표에서 확인해야 하는 좌표입니다. 예를 들어 첫 줄은 C4, A2, D3 칸을 보라는 의미로 각각 'A', 'N', 'A'가 됩니다.

각 줄의 모든 좌표를 표에서 읽어내면, 'ANA DE LA SELVA'라는 이름이 됩니다.

81. 빈집털이

당신은 범인이 차고 문을 통해 집 안으로 침입했다고 의심하고 있습니다. 소셜미디어 게시글을 통해 집으로 들어갈 수 있음을 알았습니다.

차고 문이 녹슬지 않았고 창문이 튼튼하다는 점을 고려하면, 물리적 보안이 취약한 틈을 타서 침입한 것은 아님을 추정할 수 있습니다. 그리고 고양이 출입문이 고양이가 지나다니기에도 작다면, 거기로 침입했을 가능성은 없다고 할 것입니다. 대신 도둑은 부부의 결혼기념일을 키패드 비밀번호로 사용했고, '절대 잊지 못할' 비밀번호라고 했으니 짐작이 훌륭하게 맞아떨어진 것입니다. 범인은 소셜미디어 게시물에서 결혼기념일 날짜를 알아낼 수 있었습니다.

안방 전망에 관한 게시물을 통해 집의 대략적인 방향을 추정할 수 있습니다. 특히 특정 공원의 경관이 보이는 곳이라고 했으니까요. 마지막으로 그들은 '집 팔림' 팻말을 몇 주째 치우지 않았으니, 최근 이사를 왔으며 차고 문에 전자식 키패드가 달린 집으로 범위를 좁히기 쉬웠을 것입니다.

82. 광고 전문가의 죽음

비서는 일정(본인이 관리하는)에 따르면 안토니아가 몇 주 동안 영국 밖으로 나간 적이 없었다고 주장했는데, 안토니아는 사무실에 들어섰을 때 뉴욕 JFK 공항 출발 비행편이 연착되었다고 말했습니다.

JFK 공항은 뉴욕에 있고 문제의 건물은 런던에 있다고 했으니, 이건 분명 영국 밖으로 나간 것입니다. 그러므로 비서 또는 안토니아가 거짓말하고 있습니다. 안토니아가 비행기 탑승을 했는지 증명하기는 어렵지 않을 것입니다. 하지만 비서의 알리바이는 꽤 확실해 보이니, 다음번 수색할 때 안토니아를 주의 깊게 살펴야겠습니다.

83. 잠복근무

가운데 줄 오른쪽 끝에서 두 번째 사람이 한쪽 귀에 일반적인 이어폰 줄이 아닌 나선형 와이어가 달린 장치를 하고 있습니다. 아무것도 아닐 수도 있지만, 주의해서 나쁠 것 없지요. 아무래도 계획을 진행하지 않는 것이 낫겠습니다.

84. 수학 천재의 단서

비밀번호는 '49 17 21 343'입니다. 각 줄의 숫자는 유명한 수학 연속 숫자로 끝에 빠진 숫자가 있습니다.

- 첫 번째 줄은 제곱수입니다 : 1, 4, 9, 16, 25, 36. 다음 숫자는 49입니다.
- 두 번째 줄은 소수입니다 : 2, 3, 5, 7, 11, 13. 다음 숫자는 17입니다.
- 세 번째 줄은 각 숫자가 앞의 숫자 2개의 합입니다 : 1, 2, 3, 5, 8, 13. 다음 숫자는 21입니다.

• 마지막 줄은 세제곱수입니다 : 1, 8, 27, 64, 125, 216. 다음 숫자는 343입니다.

85. 은행강도
금고 비밀번호는 462입니다.

86. 경로를 찾아라
범죄자는 각각의 장소를 다음 순서로 방문했습니다.

1. 차고
2. 실험실
3. 영화관
4. 보스의 요트
5. 여동생 집
6. 은행

87. 창고 침입
비밀번호는 6429입니다. 단서 ㄷ에서 암시했듯이 쪽지별로 단서 맨 앞에 제시된 철자 개수를 세어야 합니다. 첫 번째 쪽지에서는 'ㄱ'의 개수를, 두 번째 쪽지에서는 'ㄴ'의 개수를 세는 식입니다.(맨 앞에 제시된 철자까지 포함하면 마지막 쪽지는 9를 초과하므로 숫자 단위가 달라집니다.)

- ㄱ : 아무도 믿지 말 것. 그게 몇 년간 내가 배운 것이다. ㄱ 6개
- ㄴ : 도둑은 항상 대형 전자제품 매장을 노린다. ㄴ 4개
- ㄷ : 글자 수를 센다. 고객은 우리를 사랑한다. 그렇지? ㄷ 2개
- ㄹ : 놈들의 요구에 넘어갈 순 없어. 절대로 이 암호를 풀지 못해. 어리석게 속지 말자. ㄹ 9개

88. 사라진 마이크로칩

에반은 저녁에 야외 수영장에서 쉬었다고 했습니다만, 로지는 기술자가 나중에 '다시 물을 채우러' 올 거라고 말했습니다. 전날 밤에는 물이 없었다는 의미입니다. 물론 둘 중 어느 쪽이든 거짓말했을 수도 있지만, 잠깐이면 밖에 나가 야외 수영장이 비었는지 아닌지 확인할 수 있을 것입니다. 비어 있다면 에반은 자신의 행적을 정직하게 말하지 않았다는 뜻입니다. 그때 그가 수영장에 있지 않았다면 뭘 하고 있었을까요?

89. 새벽에 침입한 도둑

1. 책상 밑에 전기 케이블이 있습니다.
2. 책상 위 신용카드, 바닥에 있는 지폐.
3. 열린 창문을 통해 들어왔고, 아마 책상 위에 있는 열쇠로 열었다고 추정됩니다.
4. 바닥에 있는 잘린 전선.
5. 장갑은 십중팔구 도둑의 것이고, 허겁지겁 도망치다가 실수로 흘렸을 것입니다. 장갑을 꼈다면 DNA가 남아 있을 것입니다.

6. 휴지통은 쓰러져 있습니다. 아마 휴지통에 있었을 종잇조각들이 책상 위에 있습니다.

7. 도둑은 칼을 가지고 왔습니다.

8. 바닥에 흙 묻은 발자국이 있습니다. 그러므로 도둑은 흙바닥을 지나간 것이 틀림없습니다.

90. 레이저 포커스

경로는 다음과 같습니다.

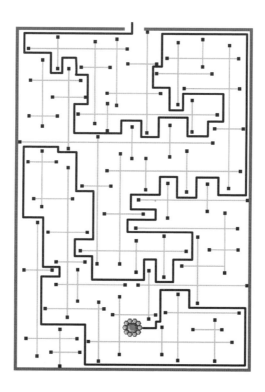

Morse Code 모스부호

A	.-
B	-...
C	-.-.
D	-..
E	.
F	..-.
G	--.
H	....
I	..
J	.---
K	-.-
L	.-..

M	--
N	-.
O	---
P	.--.
Q	--.-
R	.-.
S	...
T	-
U	..-
V	...-
W	.--
X	-..-

Y	-.--
Z	--..
1	.----
2	..---
3	...--
4	....-
5	.....
6	-....
7	--...
8	---..
9	----.
0	-----

Braille 점자표

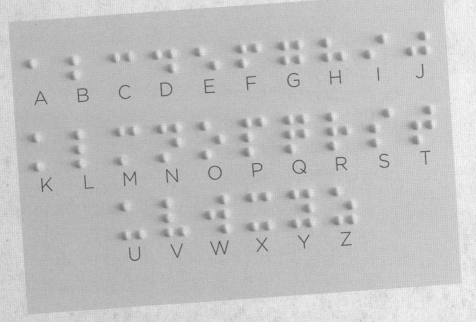

A B C D E F G H I J

K L M N O P Q R S T

U V W X Y Z

The Periodic Table 원소주기율표

1 **H** Hydrogen								
3 **Li** Litium	**4** **Be** Beryllium							
11 **Na** Sodium	**12** **Mg** Magnesium							
19 **K** Potassium	**20** **Ca** Calcium	**21** **Sc** Scandium	**22** **Ti** Titanium	**23** **V** Vanadium	**24** **Cr** Chromium	**25** **Mn** Manganese	**26** **Fe** Iron	**27** **Co** Cobalt
37 **Rb** Rubidium	**38** **Sr** Strontium	**39** **Y** Yttrium	**40** **Zr** Zirconium	**41** **Nb** Niobium	**42** **Mo** Molybdenium	**43** **Tc** Technetium	**44** **Ru** Rutenium	**45** **Rh** Rhodium
55 **Cs** Caesium	**56** **Ba** Barium	**57** **La** Lanthanum	**72** **Hf** Hafnium	**73** **Ta** Tantalum	**74** **W** Tungsten	**75** **Re** Rhenium	**76** **Os** Osmium	**77** **Ir** Iridium
87 **Fr** Francium	**88** **Ra** Radium	**89** **Ac** Actinium	**104** **Rf** Rutherfordium	**105** **Db** Dubnium	**106** **Sg** Seaborgium	**107** **Bh** Bohrium	**108** **Hs** Hassium	**109** **Mt** Meitnerium

58 **Ce** Cerium	**59** **Pr** Praseodymium	**60** **Nd** Neodymium	**61** **Pm** Promethium	**62** **Sm** Samarium	**63** **Eu** Europium
90 **Th** Thorium	**91** **Pa** Protactinium	**92** **U** Uranium	**93** **Np** Neptunium	**94** **Pu** Plutonium	**95** **Am** Americium

									2 He Helium
			5 B Boron	6 C Carbon	7 N Nitrogen	8 O Oxygen	9 F Fluorine	10 Ne Neon
			13 Al Aluminium	14 Si Silicon	15 P Phosphorous	16 S Sulfur	17 Cl Chlorine	18 Ar Argon
28 Ni Nickel	29 Cu Copper	30 Zn Zinc	31 Ga Gallium	32 Ge Germanium	33 As Arsenic	34 Se Selenium	35 Br Bromine	36 Kr Krypton
46 Pd Palladium	47 Ag Silver	48 Cd Cadmium	49 In Indium	50 Sn Tin	51 Sb Antimony	52 Te Tellurium	53 I Iodine	54 Xe Xenon
78 Pt Platinum	79 Au Gold	80 Hg Mercury	81 Tl Thallium	82 Pb Lead	83 Bi Bismuth	84 Po Polonium	85 At Astatine	86 Rn Radon
110 Ds Darmstadtium	111 Rg Roentgenium	112 UUb Ununbium	113 UUt Ununtrium	114 UUq Ununquadium	115 UUp Ununpentium	116 UUh Ununhexium	117 UUs Ununseptium	118 UUo Ununoctium

64 Gd Gadolinium	65 Tb Terbium	66 Dy Dysprosium	67 Ho Holmium	68 Er Erbium	69 Tm Thulium	70 Yb Ytterbium	71 Lu Lutetium
96 Cm Curium	97 Bk Berkelium	98 Cf Californium	99 Es Einsteinium	100 Fm Fermium	101 Md Mendelevium	102 No Nobelium	103 Lr Lawrencium

QWERTY keyboard 키보드

완전 범죄 추리 게임

초판 1쇄 발행 2022년 7월 11일
초판 2쇄 발행 2023년 10월 18일

지은이 개러스 무어
옮긴이 박미영
펴낸이 이범상
펴낸곳 (주)비전비엔피 · 비전코리아

기획 편집 이경원 차재호 정락정 김승희 박성아 신은정
디자인 최원영 허정수
마케팅 이성호 이병준
전자책 김성화 김희정 안상희
관리 이다정

주소 우)04034 서울특별시 마포구 잔다리로7길 12 (서교동)
전화 02) 338-2411 | **팩스** 02) 338-2413
홈페이지 www.visionbp.co.kr
이메일 visioncorea@naver.com
원고투고 editor@visionbp.co.kr
인스타그램 www.instagram.com/visionbnp
포스트 post.naver.com/visioncorea

등록번호 제313-2005-224호

ISBN 978-89-6322-191-5 13320